U0933820
一本书读懂俞敏洪
人生不是百米赛跑，要用一辈子的时间来奋斗

人生导师非常道

—∘非常之人，必有非常之语、非常之处∘—

俞敏洪非常道

我在痛苦中前行

袁　帅◎编著

图书在版编目（CIP）数据

俞敏洪非常道／袁帅编著. —北京：新世界出版社，2014.12

ISBN 978-7-5104-5189-8

Ⅰ.①俞… Ⅱ.①袁… Ⅲ.①俞敏洪－生平事迹 Ⅳ.①K825.46

中国版本图书馆CIP数据核字（2014）第247710号

俞敏洪非常道

作　　者：袁　帅
责任编辑：刘丽刚　杜　力
责任印制：李一鸣　吴海兵
出版发行：新世界出版社
社　　址：北京西城区百万庄大街24号（100037）
发 行 部：（010）6899 5968　（010）6899 8705（传真）
总 编 室：（010）6899 5424　（010）6832 6679（传真）
http：//www.nwp.cn
http：//www.newworld-press.com
版 权 部：+8610 6899 6306
版权部电子信箱：frank@nwp.com.cn
印　　刷：北京彩眸彩色印刷有限公司
经　　销：新华书店
开　　本：710×1000　1/16
字　　数：210千字
印　　张：13.75
版　　次：2014年12月第1版　2020年6月第2次印刷
书　　号：ISBN 978-7-5104-5189-8
定　　价：36.00元

PREFACE 前言

我们中国人讲认命，但是我的认命不是输命，不是说这辈子就算了，就放弃了。因为我深刻地意识到什么也不做的痛苦比其他痛苦更加深刻，所以我一定要做事。做事的标准就是它必须是对社会有好处的事情，以最大的努力在痛苦的世界中尽力而为。

他，不是“高富帅”，却意外得到“系花”。

他，两次高考落榜，却成为今天年轻人最热爱的导师之一。

他，是一介农民穷小子，却成为全国最富有的老师。

他，不是天才，甚至自喻笨拙的蜗牛，却登上中国最具影响力的50位商界领袖排行榜。

他是俞敏洪，34年前，他如愿以偿考上北大，后来留校任职，却毅然辞职，一介书生开启了漫漫创业路。如今，他的新东方已经在美国上市8年。

他说，他这辈子什么都可以离开，就是不可以离开讲台。如今，知天命的他，常与年轻人分享他的失败与成功、痛苦与幸福。

造物主在创世的时候把两样东西塞给了我们——痛苦与快乐，痛苦让我们悲观，让我们失望，让我们无所适从；快乐让我们欣喜，让我们昂扬，让我们忘乎所以。不同的是，有的人先揭开了痛苦的盖子，以为上苍遗弃了他，对他不公平，于是，愤世嫉俗，自怨自艾；有的人先掀开了快乐的遮布，自以为捡到了宝，肆意地挥霍美好，于是，朝时春风得意，夕时尽数凋零。

人跑的是一辈子，不是10年、20年，我们需要的不是一时发力、一时休憩，而是持续不断地奋斗。也许，目前的你什么都不是，没有宽敞的大三居，没有豪华的进口车，没有几位数的银行存款，没有风流倜傥之貌或闭月羞花之容，但是，你可以有一揽明月的志向，二上珠峰的梦想，三入戈壁的磨炼，四擎椽梁的使命，五游长城的坚持。

我们的生命中已经有了太多的困顿，太多的束缚，太多的迷幻，但是，生命跟我们一样的俞敏洪，为何可以活出耀眼的光彩?

每一条河流都有自己不同的生命曲线，长江和黄河的曲线是绝对不一样的，但是每一条河流都有一个梦想，那就是奔向大海。黄河非常曲折，经过了很多障碍；长江拐的弯不如黄河多，但是它冲破了悬崖峭壁。它们用的方式不一样，但最后都到达了大海。当我们遇到困难时，不管是冲过去，还是绕过去，只要能过去就行。我希望大家能够使自己的生命向梦想流过去，像长江、黄河一样能流到自己梦想的尽头，进入宽阔的海洋，使自己的生命变得开阔，使自己的视野也变得开阔。

是梦，是为了圆梦，所以，他勇往直前，永不辍弃。大学梦，圆了，他欣喜万分；留学梦，碎了，他唏嘘不已。然而，他擦干泪眼，在失败的废墟上探索出一条成功的路，圆了无数青年人的留学梦。

如果说梦想是光，俞敏洪的这束光不仅成就了自己的人生，也照亮了别人的世界。如果说追梦就是攀登，俞敏洪一路的旅程是那么曲折、那么旖旎、那么锲而不舍。

CONTENTS 目录

第1章

化腐朽为神奇
——人要在磨炼中成长

第2章

大树，还是小草？
——志向是不能抛弃的行囊

第3章

第一万零一次爬起

——养成持之以恒的习惯

第4章

人活三条命

——性命、生命、使命

第5章

一辈子的事

——永葆年轻的梦想

第1章

化腐朽为神奇

人要在磨炼中成长

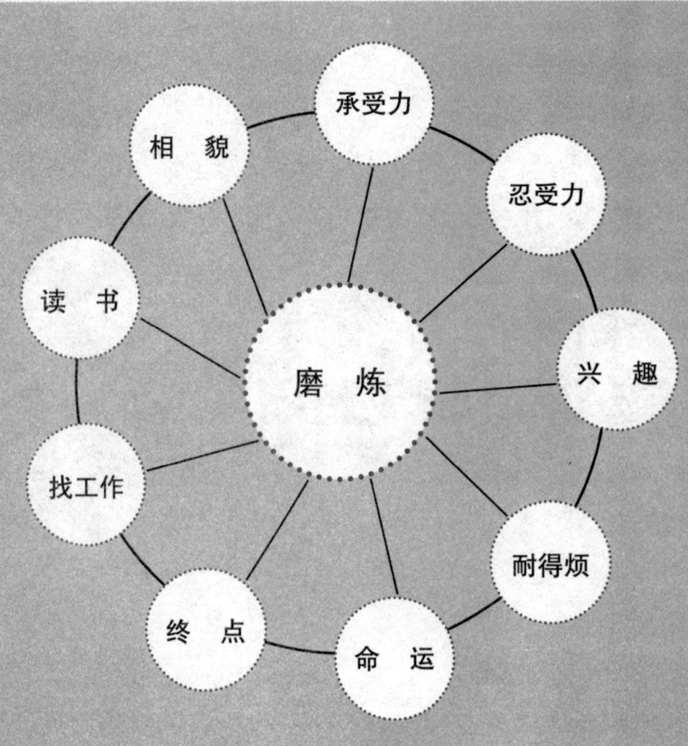
承受力
相　貌
忍受力
读　书
磨　炼
兴　趣
找工作
耐得烦
终　点
命　运

请把智慧写在脸上

没想到同济大学的同学们把我如此“高大”的形象放在大屏幕上，这就是理想与现实的差距。所以，我相信同学们看到我的第一眼一定感到非常失望。实际上，每一个人都是非常普通的。我们很多时候会发现自以为很重要的东西跟我们未来的幸福和成功其实没有太大的关系，比如说相貌。

如果说一个人的相貌和成功有关，那就不会有马云和阿里巴巴，因为如果在座的同学认为马云长得好看，那一定是审美出了问题。当然，这并不意味着相貌好看的人就做不成事情，比如大家比较熟悉的百度老总李彦宏就长得很英俊潇洒，看上去像电影明星一样。但不管马云还是李彦宏都取得了成功，这证明了相貌与成功无关。只不过李彦宏和马云坐在一起吃饭的时候，他们通常不太愿意坐在相邻的椅子上，因为两个人的对比到了惨不忍睹的地步，解决的方法就是把我放到他们两个中间，起到一个过渡的作用。像我这样，相貌没有什么特点的人也能取得成功。

——2009年俞敏洪在同济大学的演讲

2009年6月2日，俞敏洪来到了上海同济大学的讲堂，开始了题为《度过有意义的生命》的演讲。

“其实人活着就挺好，至于生命有没有意义另当别论。活着，每天都会看到太阳升起来，每天都会看到太阳落下去。你就可以看到朝霞，你就可以看到晚霞，看到月亮升起和落下，看到满天的繁星，这就是活着的最美好的意义所在……”

演讲当中，俞敏洪始终让会场充满笑声，尤其是一段揶揄自己形象“高大”的话，惹得全场学生哄笑不止。欢笑之余，却也令人深思。其实，俞敏洪的自嘲，恰好验证了中国那句经久不衰的名言：“人不可貌相，海水不可斗量。”一个人所能到达的人生高度，是不可能用他的相貌去衡量和揣测的。

俞敏洪说，一个人能不能做成事，跟他相貌如何、身材如何、服饰如何等这些外在条件并没有多大关系，每个人真正应该做的，是通过自身的修行、不懈的奋斗，让自己由内而外地充满智慧。在许多人看来，这样的说法是老生常谈，但俞敏洪却不止一次在公共演讲中强调这一点，这其中必然有他的深意和独到领悟。

朴实无华也是一种优势

大学论坛上经常会流行一些关于一个人如何成功的搞笑段子，比如这个人如何吃苦、如何努力、如何艰难，最后赢得了成功、收获了真爱，但笔锋一转，作者把这一切都归结于四个字——“长得好看”。年轻的网友们似乎希望用这种笑话，来宣泄自己在生活中的不公平感，比如在工作、交友、爱情等方面，外貌出众的人总是比普通人拥有巨大的优势。

俞敏洪也曾和大家一样有过同样的念头，而且十分强烈。

只要看过俞敏洪的照片或者见过他本人，大家都会对他有这样的共识：一个外表极其普通的人。提到自己的大学，俞敏洪总有这么一个遗憾——没有谈一场刻骨铭心的恋爱。为什么在5年的大学时光里，他没有风花雪月呢？用他本人的话说：“我从来没有去追过一个女孩子。为什么？不敢。我一想到我要去追某个女孩子，我就先想到自己，瞧我这副熊样，长得这么难看，又是农村家庭出身，成绩也不怎么样，普通话又说得不好，我去追，百分之百会被人拒绝。”甚至大学毕业之后的两年里，他仍然不敢去追求女孩子。

后来，俞敏洪的教学工作渐有起色，他内心的勇气和信心之花终于绽放了。于是，缘分也如期而至。一日下午，他遇到了她，北大德语系的“系花”。经过俞敏洪半年多的追求，最终两人牵手，一直走到今天。如今，俞敏洪已经是一儿一女的父亲，还是国内教育培训行业的翘楚，更是无数年轻人的精神导师。很显然，这一切成就并非来源于他的外貌条件。

其实，朴实的相貌并没有拖俞敏洪后腿，反而在某种程度上助了他一臂之力。一位与俞敏洪合作多年的企业家说，每次和俞敏洪打交道，都被他朴实的外表和强烈的亲和力所感染，觉得他一定是一个值得信赖的合作伙伴。再加上俞敏洪天生的幽默感，对其人际圈的扩展、生意场上的信誉，都起到了潜在的作用。不经意间，俞敏洪的“大众脸”为自己的事业增益良多。

芸芸众生，天生美貌的毕竟是极少数，绝大部分都是普通人。相貌如何，我们无法选择，但是我们可以选择像俞敏洪一样，把自己最真诚、最有魅力的一面写在脸上。“我的脸并不美，但它就是我的招牌！”

化腐朽为神奇

一个男孩（个子很矮）曾经这样问俞敏洪：“我这样的人放在男生堆里找不到自己，放在女生堆里也找不到自己，您看我这辈子应该怎么办？”俞敏洪说：“你知道鲁迅多高吗？1.58米。你知道邓小平多高吗？1.57米。你知道拿破仑多高吗？1.56米。”男孩小声说：“我1.55米。”俞敏洪说：“现在你知道应该变成什么样的人了吧！”

如果一个人外在条件不突出，甚至有某些缺陷和不足，如个子矮、相貌丑、秃顶、残疾等，他感到深深的自卑是不可避免的，也是可以理解的。但如果因此自暴自弃，一辈子都走不出这种阴影，他的人生可以说是白白浪费了。

俞敏洪就特别反对这种放弃。他经常提醒年轻人，当一个人成熟后，就会知道自己的价值所在，就不会再苦苦纠结于自己天生的外在缺陷了。他说：“人在30岁以前，长相可能是有一定关系的。女孩子就算是再漂亮，过了30岁你还能说自己‘长得很妖娆’吗？这感觉不对吧！人是要有一点外表上干净利落的感觉，但是到此为止了。一个男人天天在镜子面前花半个小时打扮自己，而不花心思在让自己更有魅力上是有问题的。你再打扮，你能不老吗？你再打扮，到了年纪，你能皱纹不上脸吗？当你皱纹爬上脸时，是透露着庸俗，还是透露着智慧，这全取决于你现在要做的事情。”

当岁月在每个人身上留下痕迹的时候，请让自己的脸上透露出智慧来。中国演艺界的三宝——潘长江的个子、陈佩斯的脸、葛优的脑袋，这些原本都是让年轻时的他们自卑不已、逃避人生的巨大外在劣势。可是，时过境迁，他们的人生路却越走越宽阔，上春晚，当影帝，为大家塑造出了一个个经典的荧屏形象，被无数观众追捧和喜爱。

人生不可能生来精彩，但你完全可以化腐朽为神奇！

人最大的优势，是智慧

章子怡，如今观众眼里风姿绰约的“国际章”，当年在电影《我的父亲母亲》中，以清新脱俗的动人外貌，迈出了自己电影人生的第一步。

当时很多人觉得她的演艺事业会一帆风顺。但后来的一个小插曲或许大家并不知道。接拍《卧虎藏龙》时，章子怡是张艺谋推荐给李安的。当时，玉娇龙一角并没有确定由她来饰演，每天来试戏的女演员数不胜数，比她漂亮、比她突出的大有人在。为了赢得这个角色，章子怡整天窝在片场，不停地练习剑法、书法……

巨大的压力袭来，让这个漂亮的小姑娘不知所措，连她的妈妈都来到片场，反复鼓励她“顶住压力，只讲付出，不谈回报”，她这才勉强坚持了下去。每天试戏前，章子怡都会请武师把动作先告诉她，好先多练几遍。这样，通过每天十几个小时的练习，章子怡终于脱颖而出，得到了这个角色。从《卧虎藏龙》开始，《英雄》《十面埋伏》《2046》《艺伎回忆录》……一步一个脚印，章子怡才逐渐成了今日的“国际章”。

从人们的评价中可以看出，在演艺圈，单单形象好是站不住脚的，不仅会被大众讽刺为“花瓶”，还会被同行瞧不起。唯一靠得住的就是通过不断努力，让本来就神采奕奕的自己散发出更强大、更迷人的光彩——这才是一种大智慧。章子怡最大的优势，不是她的美丽，而是她的智慧。

其实，在我们的生活和工作中也是如此。真正拥有智慧的人，会把全部的精力花在充实自己上，而只有那些缺乏自信、缺乏智慧的人，才会想方设法通过一些工具以及外在的辅助来让自己看起来更自信、更有范儿，殊不知画虎不成反类犬。

无怪乎俞敏洪说：“不管是男还是女，最重要的是自己内心世界的丰富，风度和气质的培养，胸怀的扩展以及对理想目标坚定不移的追求。随着

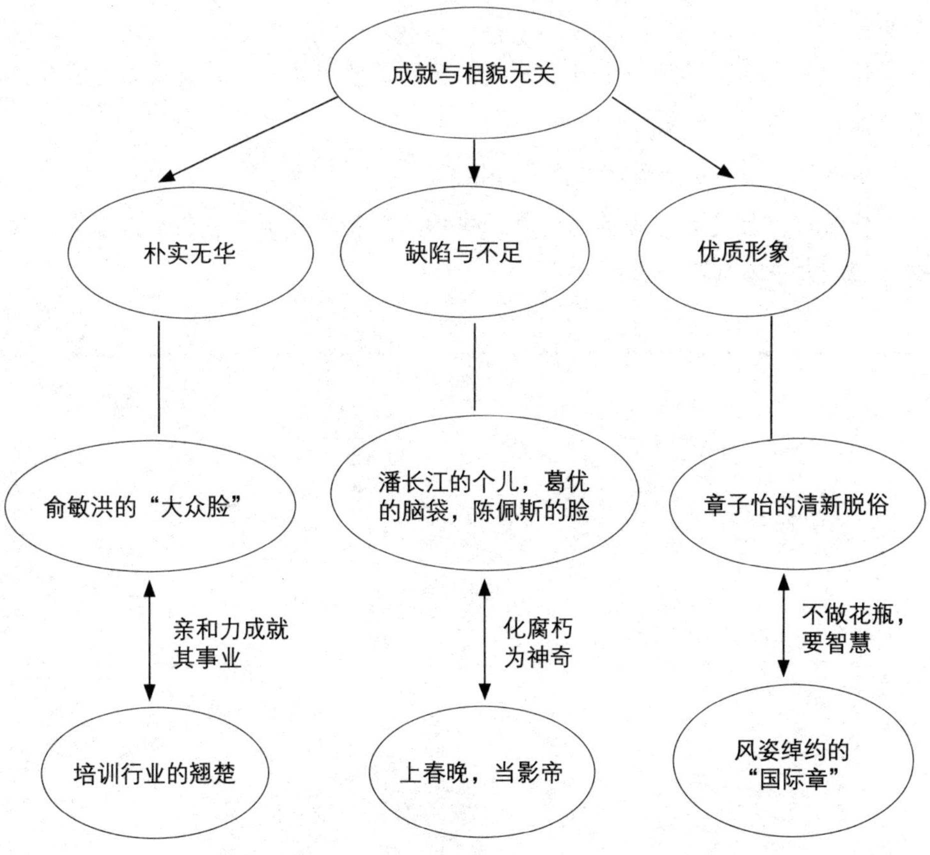

⊙ 外在条件只是一个“附加题”，得分多少，无关大局。

年龄的增加，这些会慢慢变成你的智慧，所有这一切才是构成你成功的真正的本质。”

俞式沙龙

俞敏洪：我真的见过一个男人花半个小时在镜子面前打扮自己，刚才撒贝宁就在化妆间花了两个小时。我觉得太有问题了，一个男人甚至镜子都不应该照。

撒贝宁：您来了半个小时后，我们就开始录制了，您是怎么知道我化了两个小时妆的?

俞敏洪：因为这是我对主持人的推断。

撒贝宁：但是我想告诉您的是，有的人花两个小时还能捯饬得出来，可像毕福剑就没有这样的希望。

俞敏洪的“揉面定律”

进入社会，大家一定要学会锻炼自己强大的心理承受能力，受挫的时候要像弹簧一样弹起来。一堆面粉放在案板上，你用手一拍，这堆面粉就散了，这就是我们现在的心理承受能力。给它加点水揉一下，再拍，它就不一定散了，但是它还是一堆很松软的面粉。如果你不断地给它加水，揉它，到最后它就变成了一个面团，你再怎么拍也不会散了。你继续揉，揉到最后，它就不仅仅是一个面团了，即使你用手拉它，它也不会断，这就变成了拉面。人的心理承受能力一定要达到这种状态，才能去参与社会，在社会中奋斗。找工作时一次被拒绝了，就再也不去找了，那么你能找到工作吗？找不到。

——2008年6月俞敏洪在央视《我们》栏目中谈大学生就业

英语老师的一记耳光

三十多年前，中国的高考是绝大多数年轻人唯一的出路——一条改变出身、改变环境、改变命运的路。在这条路上，引无数英雄竞折腰，只有那些坚韧不拔的人坚持到了最后，比如马云、俞敏洪。他们两人有着惊人的一致，都经历了3次高考，才如愿考入大学。

1978年，第一次高考。因为题目很难，考上的人很少，俞敏洪也就没有因为落榜而特别失落。当时英语是他的绝对弱项，只考了33分，距离当时的大专录取线40分还差7分。不过，就是这7分的差距给了他希望，他打算再考一年。那一年，刚好大队上的初中英语老师怀孕回家了，俞敏洪稀里糊涂地当上了代课老师。年仅16岁的他一边代课，一边复习。

1979年，第二次高考。8个月的刻苦复习没白费，总算是过了录取分数线，并且英语考了55分，高出去年的分数线15分。俞敏洪心想，这次终于可以上大专了。谁知，这一年的师范院校把英语分数线提到了60分，就这样，俞敏洪以5分之差再次落榜。

两次落榜的经历并没有击垮他的信心。不服输的他要么不参加考试，既然有了第一次、第二次，就一定有第三次、第四次。于是，俞敏洪告诉母亲，接下来的一年，他要全身心复习，不再干农活，家里人也不要来打扰他。开明的母亲允诺他这是最后一次机会，如果再不成，他就只能老老实实地待在农村。“脱产”学习开始了，俞敏洪以最后几名的身份勉强进入了县里的高考辅导班，开始和其他同学一起拼命复习，每天早起晨读、背单词、背课文、做题、讨论，一直持续到晚上熄灯之后，他们还在手电筒和煤油灯下学习。短短一个学期过去了，俞敏洪的成绩奇迹般地攀升到第一名，不仅同学对他刮目相看，他的英语老师对他的第三次高考也寄予了极高的期望，甚至鼓励俞敏洪报考北京大学。

1980年，第三次高考。英语考试的时间是2个小时，俞敏洪竟然只用了40分钟就走出考场。当时英语老师就在考场外面，看见俞敏洪这么快就交卷了，勃然大怒，迎面抽了他一记耳光。老师觉得他这么快就交卷了，肯定是没有做好——“今年就你一个人有希望考上北大，结果你自己给毁了！”不过，俞敏洪内心却对自己的答卷自信满满。考试成绩出来了，387分，而当年北大的录取分数线是380分！

就这样，第三次高考让这个普普通通的农村孩子进入了中国的顶尖学府，预示着他的命运之河开始转入激昂澎湃的时节。如果他在命运面前像面粉一样被揉散，无法“像弹簧一样弹起来”，娶妻生子，种几亩良田，每天随着晚霞的消散而歇息，也就不会有今天的新东方传奇了。

从障碍班到“单词王”

在火车上站了36个小时的俞敏洪，终于来到了心目中神圣的首都北京和向往已久的北京大学。身体的疲惫一点儿也没有冲淡他内心的激动与兴奋，但这种火焰差一点被彻底浇灭了。

俞敏洪的大学时光并不美好，反而充斥着孤独与自卑。北大是国内的顶尖学府，能来到这里读书的自然都不是凡夫俗子，每个人都是成绩拔尖、智商突出，更不用说那些家境富裕、身世显赫的学生。

俞敏洪是南方人，普通话不太好，一开口就是浓浓的江阴味，听不懂的人常常以为他是日本人。在开学的第一次班会上，老师让大家做自我介绍。当俞敏洪介绍完自己时，班长站起来说：“俞敏洪，你能不能不讲日语？”这句开玩笑的话，深深地刺痛了俞敏洪。在此后的一年时间里，俞敏洪开始疯狂地练习普通话，他天天拿着收音机，在北大的树林里模仿播音员的发音。

除了普通话，英语口语也是他的一大难题，尽管他的英语笔试还不错。每次一上英语课，俞敏洪就十分紧张，因为英语老师喜欢叫学生发言，而口语正是他的“死穴”。英语老师曾经这样评价他的发言：“除了俞敏洪三个字，其余我真不知道你在说什么。”大一刚开始分班的时候，有A、B、C三个小班，是按照英语成绩来分的，俞敏洪起先在A班。可是一个月之后，他就被调到了C班——语音语调及听力障碍班。

俞敏洪不是一个逃避的人，他正如自己说的那样，是一团越揉越有韧性的“面”。于是，他开始在听单词、背单词上下苦功夫。一天的时间，除了吃饭和睡觉，他都随身带着收音机，练习英语口语。他想，既然自己在发音方面有“缺陷”，那么就在词汇上努力，即便不能成为口语专家，至少也可以做词汇达人。很快，当时的《朗文英汉双解词典》的词汇被他全部拿下，他又开始找收词更多的词典来背。后来，不管什么单词都能从他的口中迸出，以至于同学们给他起了个“单词王”的绰号。

走不出的国门

大学毕业后，俞敏洪留在北大任教，每个月拿着一两百元的工资，住的是10平方米的大学宿舍，日子算是很安逸了。但是，当俞敏洪发现自己的许多大学同学在忙着出国读书，努力追求更好的发展机遇时，他也有些不甘人后了。这个时候的他已经和当年的“系花”结婚了，在旁人看来，生活可以用“圆满”二字来形容。不过，他的妻子也是一个十分好强的人，看着俞敏洪似乎沉浸在安逸的小日子里，妻子先急了起来。有一天，她突然对着俞敏洪大吼：“如果你不走出国门，就永远别进家门！”从1988年开始，俞敏洪为了出国，捧起了相关的英语书和试题集。

每晚强攻TOEFL和GRE时，妻子会为他煲汤倒水；而如果他挑灯夜读闲书，妻子就会一脚把他踢下床去。在妻子的鼓励和督促下，俞敏洪顺利考过了TOEFL和GRE，开始联系美国的大学。也许是由于他除了语言，没有其他特别突出的专业背景，所以，即便俞敏洪几乎把美国的所有大学都联系了一遍，但美国的教授们却一个个像机敏的老鹰般，对他丝毫瞧不上眼，结果没有一个大学愿意给予他奖学金或者助学金——这就意味着俞敏洪要自己准备巨额的学费。然而，他的工资一个月也就200元，为了凑够学费，俞敏洪想尽了办法。他发现在校外代课是个来钱挺快的路子，当时一节课可以拿到30元的报酬。但一个学期下来，他的收入跟最低的两万美元的学费相比，也是杯水车薪，相去甚远。

1988年到1990年，俞敏洪为出国深造拼了3年，但最终因为钱的问题不得不放弃这个梦想。出国不成，好好活下去变成俞敏洪的第一选择——继续在校外代课，这个似乎不得已的选择，却成为他结束教书匠生涯的“导火索”，更是他创业新东方的起点。

高考接连失利、大学期间被嘲笑、想出国却困难重重，这些只是年轻的俞敏洪遇到的许多难题中的几个。在之后的创业路上，他更是面对了数不清的艰难与险阻。可是，不逃避、不服输是他的生活准则，正像他后来鼓励大学生时所说的：“我没有什么突出的本领，但我就是有一颗不怕跌倒的心，哪怕我跌倒一千次，我仍然会在第一千零一次时爬起。”

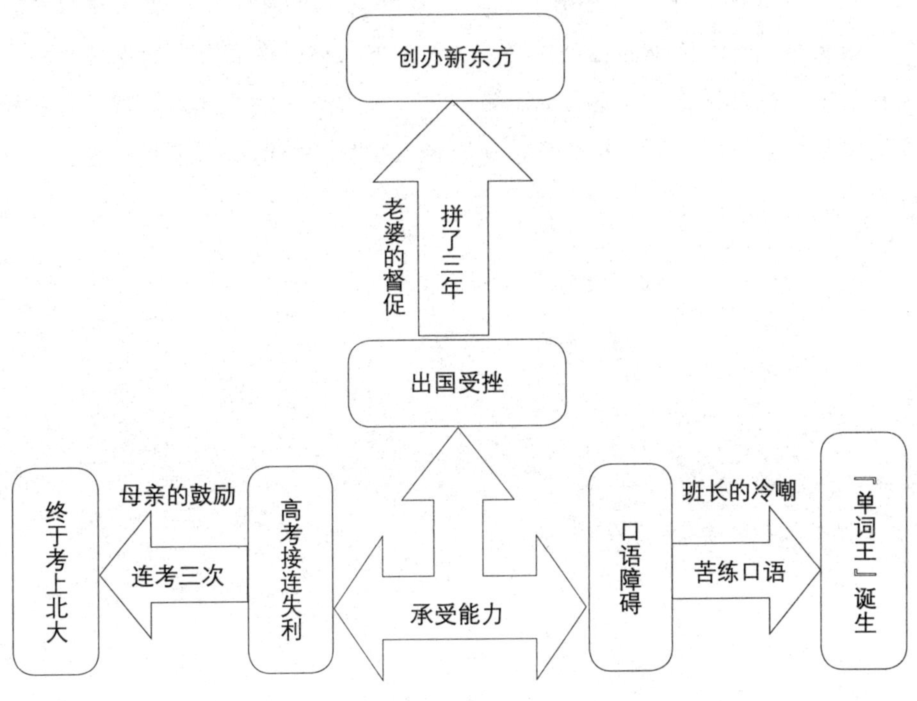

⊙ 像弹簧还不够，被压到极限还应强势反弹；最好能像面团，怎么压都无碍。

这就是俞敏洪的“揉面定律”。意志力较强的人在遇到困难、打击、失败、挫折的时候，不是绝望地放弃或者顺从，而是更好地适应这个处境——一个面团，不管你怎么拍打，它都不会散，即使你把它拉成面，形状会变，却不会断！

俞式沙龙

王利芬：您能对“揉面定律”做一个具体的解释吗？

俞敏洪：比如，人生的某个时刻，或是一个人还未问鼎之时，必须“深潜”在水里，少安毋躁。只有修炼到一定程度，才能成为展翅飞翔的大鹏鸟。相反，一个人若不能适应环境，那么他的人生很难有真正的成就。如果说我从来没有自卑过，只是自大、傲慢过，那么我一定很浅薄。当年自卑的感觉也是一种磨炼，让我在很多情况下能沉住气，能比别人多想一些、多看一些。

快好？慢好？

也许是由于从小在急功近利的氛围中长大，现在的许多年轻人缺乏成大事所需要的努力、忍耐和等待。大学生们很少能静下心来读几本让自己终生受益的书籍，很多人读的是武侠小说或者浅薄的商业书籍，只有极少数人读过罗素的《西方哲学史》或其他有深刻人文思想和精神的书籍。毕业以后，有的人一年就换两三次工作，能踏踏实实坚持做一项工作直到取得成功或成为某个领域专家的人就更少了。很多人脑子里充满了不切实际的想法：不是想去哈佛，就是想去牛津；不是想成为百万富翁，就是想嫁给千万富翁。虽说不想当将军的士兵不是好士兵，但前提是必须先当好一个士兵才行啊。成功是长时间努力、积累和进步的结果，是水到渠成的事情，绝不是心急就能做到的。

——俞敏洪《永不言败》

"大而美"的破灭

2013年6月6日上午，炎炎夏日的广州城，记者来到五山路华晟大厦的新东方报名点，这里除了一个前台人员，几乎没什么人出入；来到五山路科技广场的新东方校区，这里紧挨华南理工大学，按理说应该是人头攒动，然而几个咨询点、报名点和教室也都是寂静无声；最后，记者又来到新东方城建大厦的VIP学习中心，这里依旧冷清。

对此，新东方的员工告诉记者，寒暑假才是上课的旺季。虽说如此，但几个学校和学习中心就这么空着，物业租着，人员雇着，水电用着，分分钟都是似流水的钱。事实上，自从新东方在美国上市后，其财务状况就已经暴露在所有人面前，成本、盈亏的浮动已经不再是“冷暖自知”了。

从新东方官网的资料就可以一窥端倪：截至2012年5月，新东方在全国49个城市一共设立了55所学校、32家书店以及600多家学习中心，但是在过去的四个季度里，新东方就开设了238家学习中心，单季度的学校数量增长速率达40%以上，称其为“疯狂扩张”一点也不为过。显然，俞敏洪和新东方希望通过快速扩张，达到提高销售额、扩大市场份额、增加营业利润，从而取悦资本市场的目的，可惜适得其反。2013年4月24日，新东方公布2013财年第三季度（2012年12月~2013年2月）的财报，净利润为2800万美元；相比上一个季度1577万美元的亏损，利润率增加了25%，而这个扭亏为盈的代价就是当季关闭22个教学中心，裁员1000多人。

疯狂扩张的结果只能是大幅收缩战线，也算是对资本的盈利要求做出的妥协。俞敏洪事后总结说：“过去19年，新东方只开了不到500个教学点，而最近1年时间就一下子增开200多个，大家想想这要增加多少租金的投入和人员的花费？现在，结果已经呈现了，一正一反亏损4个亿人民币。虽然整体上新东方是赚钱的，但是这样发展下去，不到3年，新东方就会被折腾完蛋。所以，发展不能急躁，大不一定就美。”

新东方就像是俞敏洪的孩子，抚养教育孩子不能急，同样经营企业也不能急躁。幸好，“大而美”的梦在今天破灭，他也有足够的时间来调整心态，这也算是他用自己的深刻教训验证了急事慢做的金科玉律。

《论语·子路》中有一句名言：“无欲速，无见小利。欲速则不达，见小利则大事不成。”两千多年过去了，孔子的话依然有效。想做成某件事，心急是吃不到热豆腐的，一味着急只能让自己失去理智，无法正确判读稍纵即逝的机会，想成功就比较难了。

慢性子的春天

大学生：您面试过很多大学生，请您坦诚告诉我们，您对我们最不满意的是哪一点？

俞敏洪：我们现在遇到的麻烦是什么，我们作为年轻人心态浮躁，看着锅里的想着碗里的，看着碗里的想着锅里的。另外，现在本科生的人文学识相对来说比较少，读书太急功近利了，一读就读《穷爸爸、富爸爸》这样的书，都读如何快速致富。有一句话叫作底蕴的厚度决定了你未来生命的高度，而这个厚度绝对不是说读《穷爸爸、富爸爸》能读出来的，它要你读一些比如罗素的《西方哲学史》、朱光潜的《西方美学史》这样的书，甚至可以说背背唐诗宋词，对你的生命厚度都是有好处的。这些东西表面上跟你未来做的事情一点关系都没有，但它奠定了你这个人的基础，奠定了你这个人的厚度，奠定了你这个人后来发挥的余地。另外，大学生还应该掌握一些应用类的技能，比如说英语水平一定要达到某种程度上我们能够对话的地步，这个绝对不是为了你考四六级。

2008年6月，俞敏洪做客中央电视台《我们》栏目，围绕“大学生就业”与来自各大院校的大学生进行交流。谈到当下那些心浮气躁的年轻人，俞敏洪提出了四字箴言：急事慢做。顾名思义，越着急做的事情反而要做得越仔细、越认真，这与我国的一句老话“好事多磨”有异曲同工之妙。能慢慢做成的事情总会比匆匆忙忙做完强得多，因为匆忙之间不免有所遗漏、有所失误，慢做往往使事情尽善尽美，正所谓“慢工出细活”。

一个年轻人向俞敏洪请教如何学好英语，说自己每天都听十几篇短文，背诵几百个单词，可是到最后效果并不明显。对此，俞敏洪说出了他的独到见解：学会把长期目标和短期目标结合起来，做到急事慢做、大事细分化。

好比你想达到很高的英语水平，于是你每天学习12个小时，3个月后你的英语水平突飞猛进，但是之后你不再学了，很快就会把之前学到的都忘掉；相比之下，你还不如坚持每天只学半个小时，然后慢慢地进步，这就是急事慢做。

曾几何时，“慢腾腾”“磨磨唧唧”都是贬义词，用来形容那些慢性子的人。其实，俞敏洪认为慢性子也有春天。行动慢、思想慢、说话慢等恰恰说明这个人是个冷静的、谨慎的、善于思考的人，这样的人做起事情来慢条斯理、有条不紊，即便是遇到大灾难、大挫折，也能够坦然处之，不慌不忙地解决，正是因为“慢”，主意才从能脑袋凹凸的沟壑里喷薄而出，如此，事岂有不成？

进入21世纪，人类的科学技术、经济、文化等方面均以惊人的速度发展，随之而来的是人心的浮躁，原本“宁静以致远”的心个个变得波涛汹涌：人们喜欢的成语不再是“循序渐进”，而是“终南捷径”；喜欢的读物不再是唐诗宋词，而是成功心经；喜欢的影视作品也不再是历史长剧，而是肥皂剧、偶像剧、穿越剧……整个社会充满浮躁。

到底是快好，还是慢好？俞敏洪在一本书中写道：树木的生长速度越快，其致密度越低，生命往往也越短暂；而松树、柏树、胡杨等树种，要上百年才能成材，用起来却可千年不朽。故而，我们要想成就一番事业，获得有价值的人生，急躁、浮躁是要不得的，记住：急事要慢做！

俞式沙龙

李娟丽：老师，您所说的“沉住气”“急事慢做”似乎是现代人最缺乏的东西，您怎么看待这个问题？

俞敏洪：沉住气是十分重要的，谁都知道只有沉得住气的人才能够把事情做大。一个浮躁的、急于求成的人往往缺乏周密的思考，而且言辞、情感也容易露于表面，这样很容易把事情做得浅薄，也容易被别人看破真相。

人要“气得过”

我们未来生活最重要的一个能力，叫作忍辱负重的能力。许多社会名流都会遇到很多很多常人不能忍受的事情，但是他们不得不忍受，不忍受就不可能成功。为什么？因为你不忍辱负重，你就没有时间，你就没有空间，没有走向未来的空间。如果你想走向未来，最后变得更加强大、更加成功，你就必须给自己留下足够的时间和空间。轮到我们自己的生命，要想为一个伟大目标奋斗的时候，你也必须排除你生命中一切琐碎的干扰，因此你就必须忍辱负重。

——俞敏洪对“忍”的阐释

成功在裤裆之下

俞敏洪在一本书中讲道：“我总结了成功所必须具备的三种能力：第一是忍受孤独的能力，第二是忍受失败的能力，第三是忍受屈辱的能力。”

这句话很好地解释了忍受与成功的联系：哪个人没有孤独的时候？即使你身边人群簇拥，即使你人缘再好、朋友再多，疲累、孤独的感觉也常常会袭来；另一方面，在你还未成功之前，这种心境就更平常了，因为想要成功的人都是在孤单地奋斗，能依靠的也只有你自己。哪个人没有经历过失败？失败太常见了，学生考试这一次没考好、下一次又没考好，职员这次考核没通过、下次晋升又没成功，失败的压力总是迎面而来；但正是一次次的失败才让跌倒的我们尝到了痛苦心酸、找到了经验，为将来的成功吹响号角。哪个人没有受到过屈辱？到商店买东西，售货员对你横眉竖眼，你都会觉得受了屈辱……但是想要成功的人就得有这份度量，能受住这份屈辱，好比钻裤裆的韩信一样；有的人受不住屈辱，哪怕别人小小的嘲笑，他都要拍案而起，这样的人能成功吗?

俞敏洪的大学生涯是孤独的。一方面是因为他来自南方，普通话不好、交流有问题，另一方面是因为他来自农村、土里土气，这些情况将其逼到了被边缘化、被忽视的角落。尤其是大三休学回来，80级和81级的同学都不认为俞敏洪是自己班的，之后的同学聚会，他总是被遗忘的那个。

俞敏洪30岁之前是失败的。在北大学习期间，即便自己再怎么拼命追赶，学习成绩始终在倒数五名以内，直到毕业还是倒数第五名。后来他这样“控诉”自己：进了大学，没有一个女孩爱上过我，我是个loser；在北大教了7年书没有什么成就，我还是个loser；在北大10年没参加过任何活动、加入过任何团队，我仍然是个loser……

俞敏洪在北大教学的最后一年是屈辱的。因为在校外培训机构教书，他被校方记了一个行政处分。处分通知在1990年秋天通过高音喇叭播放出来，且连播了3天，又在北大有线电视台连播了半个月。每次路过北大著名的三角地橱窗，他都能看到自己那份处分通知。行走在北大校园，俞敏洪明显感觉到路过的师生对其指指点点。

孤独、失败、屈辱折磨了年轻的俞敏洪，但同时也锤炼了他，正是“气得过”这些，才使他有了走上创业之路的决绝，也才使他最终完成了自我的救赎和生命的奔腾。

无比耐“打”的包凡一

俞敏洪的大学室友包凡一有个突出的特点，就是有着超强的自我打击能力，他不把自己当人看，也不把别人当人看，通俗地讲就是“我不是人你也不是人”。他还有一项能力，总能轻轻松松把一个人看透，透过各种伪装讽刺数落对方，身边的人没有一个不被他说得体无完肤。也正因为他，俞敏洪的大学宿舍里形成了一种互相侮辱、互相讽刺、互相打击的气氛，到最后又变成了自我侮辱、自我讽刺、自我打击。

为什么？与其让你挤对我，还不如我自己先说了！你说我是狗，嘿嘿，我觉得我连狗都不如。表面上看，这些人一个个没脸没皮、没一点尊严可言，但是这样的做法却很有效用。大家想一想，有很多大学生都是独生子女，在家时被长辈百般呵护，到了大学校园，那种别人都围着自己转的心态就会受到打击，别人不再关心你了，加上大家的个性多有不同，说起话来难免会有失稳妥，言语不和而大打出手的现象还是比较多见的。

那怎么办？你要先学会自我侮辱、自我打击。大学相当于一个小社会，虽然还没有明显的利益关系，但也存在各种人际关系。这时你要有这样的心态：我来上大学，就是为了寻找侮辱、讽刺和打击的。如果你能有这样的信念，那就很了不起了。

一个人成不成熟要看他有没有耐性，标志是什么？不管他人怎么侮辱你、讽刺你，你都能笑脸相迎，因为你心中有自己的信仰与自信。当你被人踩在泥土里时，你不要把自己当成泥土，而是当作即将破土而出、馥郁芬芳的鲜花，这就是做人的最高境界。当你具有像包凡一这样忍受屈辱、自我打击的能力，再去应付社会上的侮辱、讽刺、苦恼时，你就会表现得大度、宽容。如此一来，与你合作、打交道的人不就多了吗？你离成功不就越来越近了吗？

我们常说“心字头上一把刀”，这是“忍”；我们又说“宰相肚里能撑船”，这是“容”。老祖宗很早就教给了我们忍和容，即容忍。这其中包含了两层含义：“对待不平之事要忍，对待无礼之人要容。”作为人，总会遇到无法预知的麻烦，与其与之“胡搅蛮缠”，不如忍耐一下，豪言“老子气得过”，随之“云淡风轻”。

俞式沙龙

邓修文：我们特别喜欢您讲的小故事，您能针对“忍”讲个简单浅显的故事吗?

俞敏洪：设想一个场景：假如你在路上被一辆自行车撞了一下，你“奋起反抗”，然后吵得半死不活。不幸的是，你还打不过别人，鼻梁骨被打断了，最后在医院躺了一个月。但是，如果当时反过来想，这是件小事，我生命中还有更重要的事情呢。当对方停下自行车，要说对不起时，你就告诉他：“对不起把路给你挡上了，让你撞了，不好意思。”实际上，对方再蛮横无理，他还能揍你吗?他马上就会说：“是我不好，对不起。”生命中的一个危险就这样被化解了。

左手兴趣，右手生计

大学生：我本科学的是国学，一个非常冷门的专业，但是我特别喜欢它。可是毕业之后找工作却又非常难。

俞敏洪：我给你个建议，坚持喜好的同时不妨掌握一个能找到工作的技能，比如英语。现在教英语是个比较挣钱的职业。

大学生：您不觉得有点本末倒置的感觉吗？

俞敏洪：你现在的问题是你对国学感兴趣，但是你需要有一个养活自己的技能。大学生毕业以后首先就是要工作，我把它叫作先就业、再职业、再事业，这是什么概念呢？先就业就是赶快先找一份工作，不要父母养活了，我觉得一个大学生在22岁以后还要父母养活是一件可耻的事情。所谓的职业，就是从事一辈子想做的工作。当你的职业做到一定程度，比如说你做了会计，最后你觉得你自己可以开一个会计事务所，这就变成你的事业了。而最怕的就是什么？失业。但是如果你把前面的就业、职业和事业做好了，失业就永远找不到你。

——2008年6月俞敏洪在央视《我们》栏目中谈大学生就业

我也不喜欢英语，但它是我生活的工具

俞敏洪在回答学生的提问时说过：“我从来没有喜欢过英语，确切地说，我恨英语。”那么，为什么他还要拼命地学习英语呢？原因很简单，英

语帮助他摆脱了生命的困境，正是在农村学了英语，他才能考进北京大学；正是自己在北大刻苦地学习了英语，他才能在毕业后留校任教；也正是这几年在北大教学的经验，他后来才能创办新东方；有了新东方才有了今天的俞敏洪。从学习英语开始，俞敏洪一点点地成长，也一步步地走向成功。生命的路只会越走越宽，但你要抓住第一个工具，对于俞敏洪来说，第一个工具就是英语，虽然他不喜欢，却依然学习它，这就是原因。

人总有自己喜欢的事情，但是迫于种种限制，我们不能时常与它相处，那么喜欢的事情什么时候做呢？或许，我们能从俞敏洪身上找到答案。他喜欢历史、哲学、古文，所以他就抽出业余时间去做。比如，一天有24个小时，除去8个小时睡觉，8个小时工作，三顿饭1个小时，那么他就有六七个小时去做自己喜欢的事，读古文以及研究历史、哲学。

明白了这个道理，现在你所学的专业、所从事的工作你喜不喜欢还重要吗？重要的是你要认定目前所做的事情未来会成为你生命的支撑，然后，把它像挖井一样深挖，直到最后你觉得自己是这个领域里的第一高手。

俞敏洪讲过这样一个例子：朱镕基当总理的时候，身边有一个翻译叫作朱彤，与俞敏洪是好朋友。她的中英同译水平即使是俞敏洪也难望其项背，你说出的任何中文，她都能立马翻译成英文，而且几无纰漏。俞敏洪原以为她小时候是在美国接受中式教育或者在中国接受美式教育的。后来才了解到，她在12岁的时候，便下决心要把英语作为自己人生的工具，当时也不存在喜欢与不喜欢。小女孩就这样拿着录音机听英文讲中文，听中文讲英文。当从外交学院同声翻译系毕业的时候，她已经具备了一项本领：听着英文讲中文，听着中文讲英文。以至于俞敏洪等几个朋友与她一起吃饭时，只要她讲英文，俞敏洪就得讲中文；她讲中文，俞敏洪就得讲英文。因为她的名气，她很快就被调到中央领导人身边了。如今她已经不再做同声翻译，而是在一家国际大公司身居要职。

英文单词freelance，即自由职业者。与那些坐班的人不同，这种人没有固定的单位，哪里有活儿干就去哪里。例如，上面所说的同声翻译，俞敏洪的朋友里就有做同声翻译的。他们的收费标准最低每小时5000元，每天只要翻译2个小时就是1万元，大一点的会议两三万元。算一下，一年工作100天就成了百万富翁。现在，有很多这样的自由职业者，一年只工作一百多天，剩下的一百多天就到全世界去游玩，钱花完了再继续回来工作。

掌握一种生活的工具很重要，当你真正掌握一项本领，并且是别人无法替代的本领时，你身外的财富就不再重要。因为你能轻松地赚取回来，自然就能做自己喜欢的事。

我喜欢的事，我可以把它做到极致

有人说："我就喜欢××，就算饿死我也做。"这份执着与坚持是值得我们敬佩的，他们是大无畏的，是真正的精神胜利者。那么，这些人是不是只能做活在浪漫里、想象里的阿Q呢？当然不是。俗话说"三百六十行，行行出状元"，任何一件事做到了极致，都完全可以变成一件伟大的事。

俞敏洪讲过他有一个大学同学是搞蒋介石研究的，当时一般人不会研究这个，非常冷门，但是这个同学从来没有中断过研究。从20世纪80年代开始，直到1995年他都是一穷二白，在北大英语系公务英语教研室当老师，每个月拿着一两百块钱。1995年，俞敏洪邀请他到新东方教学，他以备课麻烦会耽误研究蒋介石的时间为由拒绝了。在大家以为这个人就要穷困潦倒一辈子时，美国召开一个中国现代史研讨会，他也在邀请名单上。研讨会上，他的发言感动了台下的一个老教授——同样研究蒋介石30年，在美国没有人能跟他聊蒋介石，没想到中国也有这么一个"傻瓜"。散会后，两个研究蒋介石的人抱头痛哭，最后老教授请他留在美国一起研究，并且每年会给他5万美元的研究经费，还可以把他家人接到美国。于是，从1995年开始，俞敏洪的这个同学就留在了美国圣约翰大学跟着老教授读博士，一直到1999年毕业，又留在大学里教书，并在纽约长岛买了自己的房子和车。当他再次见到俞敏洪的时候，他指着周围说："看，这些都是蒋介石给我的。"在美国当教授待遇优厚，每年能拿几万美元。当俞敏洪认为他就要在教授这个位置上研究中国现代史终老时，上海东方卫视却邀请他去做关于中西方文化的节目总策划，薪酬在一百万人民币左右。

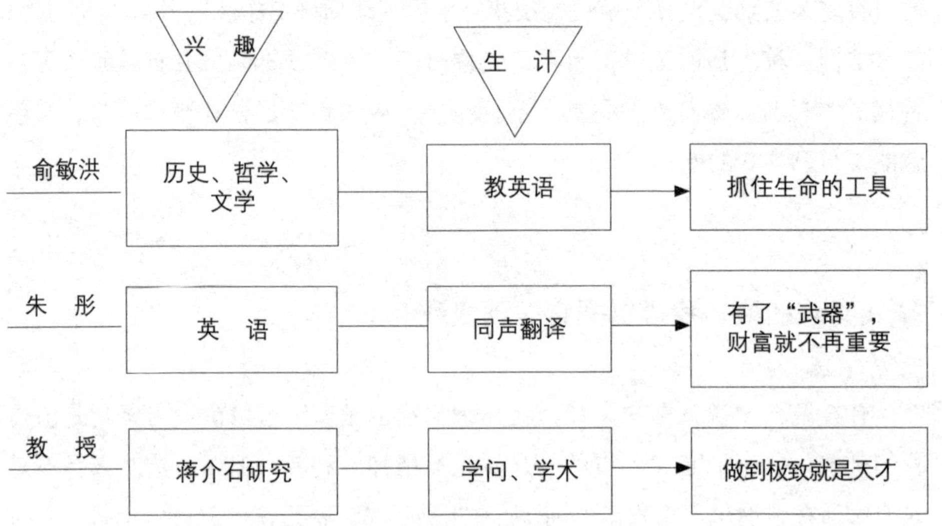

⊙ 兴趣和生计的关系就像肉和饭，有肉固然很好，但是没了饭，你可能就会饿死。

这就是做学问的方法，从精到深，再从深到泛，研究蒋介石你就得研究毛泽东，研究毛泽东你就得研究中国现代史，研究中国现代史你就得研究中国近代史，中国近代史怎么来的，来自世界近代史，世界近代史来自美国独立战争、法国资产阶级大革命、英国宪章运动，继而到文艺复兴、启蒙运动，最后又来自古希腊文明、古罗马文明、古印度文明、古埃及文明。一通百通，东西方文化都通了，你说他能不成为一代文化大师吗？研究蒋介石的领域需要的人很少，但是那位学者活下去了，还活得有声有色，至今已经出版了三本关于中国现代史和蒋介石的著作。

能够做自己喜欢的事情是一件非常浪漫的事，但是现实总是很残酷，总是没有那么浪漫。如果你喜欢的事情不能给你带来物质上的富足，甚至不能解决你的温饱，那么这件你喜欢的事情就只能是无根之木、无源之水，是无法长久的，除非你有极大的毅力与信心能靠它来生活。所以，回到现实中，我们每个人就要学会不那么浪漫，虽然我们不喜欢，但是我们必须做好，或者说学会去喜欢你正在做的事情。

不论是你喜欢的，还是不喜欢的，只要你能钻进去，踏踏实实地把它研究透了，搞精了，你就了不起，你就算是个成功的人。这需要的是无比强大的自信和坚持，稍有犹豫就会半途而废，以致一事无成。用俞敏洪的话说：“能把事情做到极致境界的人，这就是天才。”

俞式沙龙

我们的生命就像一片茫茫无际的沙漠，是走不到尽头的。同样是在沙漠中行走，有的人却能走出回忆、走出潇洒，这是为什么？

因为他们在沙漠中挖自己的井。我们都知道这样一个常识，任何一片沙漠只要不停地往下挖，到达一定的深度后，都会涌出泉水。所以，人的生命是否精彩、是否充满回忆，就在于你到底能把这口井挖得多深。挖这口井的时候还应该有把它挖到全国前一百位的决心和信心。

——俞敏洪

生命岂止百米

人的出身是由不得你自己选择的，但是人生命的终点是由你自己选择的。人生不是百米赛跑，而是一辈子，跑的是60年、70年、80年甚至100年，所以我完全不在乎现在你钱多、我钱少，你有社会地位、我没社会地位，钱和社会地位都是可以争取来的。“福布斯”榜上的那几百号人，我曾经查过，百分之六七十来自农村，来自身无分文的家庭，如果说你们抱怨找不到工作，没有人关心你，你觉得这个社会很黑暗、很阴冷、很无情，那么错肯定在于你，不在于这个社会。任何一个把社会和别人当作自己的敌人、当作自己生活不幸来源的人，他的一生都不会幸福，也不会成功；只有认为自己才是自己的主人，在社会中靠自己的能力争得一席之地的人，才能够把事情做成功。

——2008年6月俞敏洪在央视《我们》栏目中谈大学生就业

我都快到终点了，你还在起点哀叹？

俞敏洪演讲的时候经常说道：“人的一生不是百米赛跑，需要你跑得有多快；而是一场马拉松，它看的不是你速度多快，而是你能否跑完全程。”这就是一个起点与终点的辩证关系。

人生有无数个起点：呱呱坠地时，你出生在普通家庭，他出生在富裕家庭；开始上学时，你接触的知识少、见闻少，他已经熟读诸多名著、到过各地的名山大川；大学毕业，找工作，你是普通大学或者大专毕业，所学专业并非特别热门，他是名牌大学毕业，家中社会关系硬能给自己找个不错的门路；工作多年，该成家了，你积蓄不多不能办个体面的婚礼，他有车有房有票子，娶的是大家闺秀、办的是豪华婚礼……俗话说："人比人气死人。"如果我们拿自己的起点与他人做比较，就会发现不足之处多、可喜之处少，这时抱怨几句、发发牢骚都是正常的，但如果你一味抱怨和哀叹，而不做任何努力，那么，你就很难取得成功。

俞敏洪出生在农村家庭。"文革"时期，国家规定每个农村家庭只能有一个人上高中。当时他已经有个姐姐上了高中，所以他只能待在家里从事农活。粉碎"四人帮"后，国家又恢复了高考，他才得以进入高中学习。通过三次高考考取北大，可是他很多方面都落后于其他同学，无论他再怎么努力，临毕业的时候，他还是倒数几名。创业之初，他白天出去粘贴广告，晚上在破旧窄小的教室里为几个学生培训英语，甚至还要顶着"东方大学外语培训部"的名号才能招到学生。俞敏洪的起点毫不起眼，人生的几个重要阶段，也都是落在他人之后，可是他始终没有放弃，更没有抱怨，因为他坚信一个道理：起点上的落后并不能完全影响你的终点。这好比马拉松竞赛，最终的冠军一开始未必是那个跑得最快的人，甚至中间很大一段都不是最快，他们也不着急自己的暂时落后，因为他们心中有一股信念，骨子里正憋着一股劲，就等最后的爆发。

俞敏洪说过：人生就好比爬山，从哪儿开始爬不重要，只要你一直在往上爬，终究有到达山顶的一天。

近十几年来，中国的家庭教育逐渐变成了"起点教育"，也就是常说的"不能让孩子输在起跑线上"，于是，一个个小小孩童跑进了各种兴趣班，学钢琴、学绘画、学书法、学舞蹈；一个个少年钻进了各种奥赛班、补习班、特长班；一个个职员白领走进了各种英语培训班、计算机培训班、专业技能培训班。其实，这些说到底都只是让一个人在某个阶段或者进入某个领域时能够具有一个"先天优势"，动机是好的，但是刻意强调这个"先入为主"会让人不明主次。

我已经站在终点了，你还在起点嘚瑟？

起点高并不一定能更快地到达终点，就像龟兔赛跑里的兔子。或许，你的起点很高，但是在你打盹儿时，很多人已经超越了你。

中国古代的仲永，年幼的时候智商惊人，四书五经样样精通。家长看孩子这么聪明，就带他四处“走穴”。随着年纪的增长，仲永的资质越来越平庸，能力已经跟不上同年纪的“知识分子”。仲永自以为拥有突出的先天优势就放弃进步，自以为在起点领先了，也能在终点领先，殊不知这中间的路漫长得很，一不留神，就有人赶超。

俞敏洪曾经面试过一个清华大学的MBA，当时只问了一个问题：“你一秒钟之内告诉我你最得心应手做的一件事是什么，而且必然能做好的。”他想了两分钟，说：“俞老师，我最擅长与人交流。”俞敏洪说：“你都两分钟没跟我说话了，还算是善于跟人交流？”然后，他说：“MBA讲的是综合管理，我综合管理的能力很强，我懂人力资源，我懂市场，我懂市场营销，我懂公关，我懂后勤行政物流，总之，你让我干什么我就能干什么。”俞敏洪说：“对不起，我不能用你，因为从你刚才的一番话我就知道了，你什么都不能干。”

随后，俞敏洪给的评语是：“当一个人说自己什么都能干的时候，他什么都不能干。”这个学生自以为学历很重要，却忽视了具体能力的培养，最后连自己的优势是什么，他都不知道。这种人就是在起点扬扬得意，却不往前行进的人，结果不言而喻，那些在起点毫无优势可言的人经过一番努力终会迎头赶上，先于他们到达终点。

你还在为自己起点低而垂头丧气吗？未来的路还很长，只要你有信心、有毅力、有追求，你就能到达心目中的终点，不管这个时间是一年、十年还是一辈子。

你还在为自己起点高而扬扬得意吗？身后一大拨人已经追上来了，他们比你更有精神，更有力量，更懂得坚持，更理解磨炼，誓要实现到达终点的约定。

俞式沙龙

吴女士：现在的年轻人总喜欢抱怨这个，抱怨那个，几句话不离“公平”。您觉得这种现象正常吗？还有，越来越多的家长强调起点教育，起点真的重要吗？

俞敏洪：首先，这个世界本身就不存在绝对的公平，即使是在美国。再者，刻意强调起点的人已经陷入一个误区，以为只要起点高就一定能优先到达终点，或者达到一个很好的终点。拿我来说吧，大学时期，不管我怎么努力都是倒数几名，毕业的时候也是如此。不过，我对同学说，我不放弃努力，你们5年做成的事，我会花10年、20年、50年乃至一辈子，直到做成它。

找工作，难？不难！

有些岗位我们认为应届毕业生可以作为一个起步开始，且实际上他是完全可以胜任的时候，有的学生觉得这个不符合我的爱好，或者说这个不是我的发展方向，或者说我觉得这个岗位工资太低了，这样的情况很多。或许这背后有一个比较重要的原因，当这些孩子没有找到工作的时候，父母说没关系，你慢慢找，在你找到工作以前，家里继续给你生活费，这样就导致一些孩子对找工作并不是很迫切。实际上，家庭作为社会的一个个体，对大学生找不到工作的消化是起重大作用的。但是这个消化不是正常现象，因为大学生最后必然还要去找工作，只不过有一个缓冲期。当然这个缓冲期对中国来说是一件好事，但是对于大学生本身来说，有的时候并不是一件好事。

——2008年6月俞敏洪在央视《我们》栏目中谈大学生就业

每次谈到大学生就业的话题，俞敏洪就感到特别沉重，特别希望自己的一些观点、一些做法，可以帮到那些或迷惘或迟疑或颓废的年轻人。众所周知，现在每年有数百万的考生通过高考进入大学，又有数百万的毕业生走出大学。这意味着社会要提供许多就业岗位，可实际情况是岗位的数量远远不能满足实际需求。拿新东方来说，能够提供的岗位也是非常有限的。所以，每一年“毕业就等于失业”的人不计其数。

大学生找工作难已经是一个普遍的、老生常谈的话题，一方面需要大中小企业适当放宽招聘标准，另一方面也需要大学生自己提升技能。俞敏洪在《我们》栏目中，详细讲解了大学生找工作的几个要点，其中不乏精彩的片段。

面试技巧之展示自我

（一）如何向面试官展示自己

学生：俞老师，您好。我发现在就业这一块有一个问题，就是在面试的时候不知道如何去展示自己。

俞敏洪：首先，在面试之前对于一些面试技巧的培训还是有必要的。比如说面对老板，怎样做到有问必答，答得恰到好处，包括眼神、神态到底应该怎么展示，但最重要的是把你真实的自我展现出来。曾经有一个大公司面试员工的时候故意在地上放了两张纸，所有的人进去面试的时候都不去捡那两张纸，夸夸其谈说自己有什么样的才能，结果最后走进去的那一个人，一句话没说，把两张纸捡起来，放在总经理的桌上，然后才开始等待回答总经理的问题。结果总经理什么问题都没问，说我录取的就是你。为什么？细节！愿意弯腰捡两张纸这个细节就摆明了他做事的踏实、认真和仔细，人们就能看出这个人身上的特质和品德。我最敬佩的人是他不说就把事情做好了给你看的人。

（二）如何介绍自己的缺点

学生：我是来自人民大学的学生。现在社会都在提倡诚信。假如在面试的过程中，考官问我能不能谈一下自己的缺点是什么，我到底应该诚实地告诉他，还是应该保留一些？

俞敏洪：问我的话，我会告诉他，我有一个比较大的缺点——优柔寡断，它是我比较重要的一个特征，别人的意见比较容易左右我的想法。但是，这个缺点本身也有好处，就是比较有容忍度，很多事情不会当下就发作，不容易伤害别人，这样的话，我就把缺点当成优点说出来。因为一个人的缺点有时也会是一个人的优点，关键在于如何让自己的缺点反败为胜，变成自己工作中的优点。在应聘的时候，你的优点如何比别人更加突出，比你的缺点重要得多。

掌握一些经验

学生：我参加了好几场招聘会发现很多公司都要求有工作经验，那么您是怎样看待我们大学本科毕业生刚刚毕业没有工作经验这件事情的？

俞敏洪：面对还在上大学的大学生，我有一个建议：寒暑假的时候尤其在暑假的时候，不要光出去玩儿，一定要去找工作，而且找相对来说比较有名的公司，找工作可以不要钱，但是一定要记住，要认真地工作，最后才能拿到那个公司的一份对你认可的证明。如果说大公司，哪怕普通员工也要两三年以上的工作经验，那么你就要把范围缩小到相对来说不那么知名的公司，先去做着，这样的话，你至少有了工作的机会和经验的积累。

研究生找工作更难？

学生：在某些地区，研究生毕业去找工作，用研究生的学历反而公司不敢要他，而用他们本科毕业时的专业和学历却找到了工作。您觉得我们现在就业市场是真的不需要这么多高端人才，还是我们研究生在心态或者说在职业生涯规划上需要有改进的地方？

俞敏洪：这个是双向问题，在别的国家也有这个问题。比如说美国，博士毕业的人就不一定比本科生好找工作。从社会定价来说，对博士生和研究生的工资，原则上必须比本科生高，但是由于中国大量的研究生是完全没有任何工作经验，所以从工作经验的角度来说，研究生其实不比本科生占有优势。还有一个因素就是有些单位怕研究生读书太多了以后，理论的东西太多，什么东西都用理论去套，修正自己的能力变弱。但是一般来说，大家都还是愿意用研究生的。这是一个正常现象，并不意味着读研究生没用了。

学生：我们研究生相对于本科生来说，肯定对职业的期望值更高，但是很可能我们第一份工作跟我们心里期望的落差很大，对于这种情况，您有什么建议？

俞敏洪：像我这儿，每年都要面试几百个本科生，大部分人坦率地说都是眼高手低。现在中国的研究生有很多，如果自己没有足够的工作经验的话，那么就要在找工作时保持一颗踏实的心。另外，研究生应该懂得如何展示比本科生更有优势的地方，虽说起步或许有点低，但是上升速度会非常快。依据我的经验，研究生毕业的人上升速度是本科生的四倍左右，本科生用四年达到的薪资待遇，研究生用一至两年就可以达到，能力方面也要强一些。所以，研究生找工作时一是不要急，二是心态要放平。

从上面的这些对话不难看出，俞敏洪想要告诉我们找工作的过程中应该注意几个关键点：细节、谦逊、踏实，最忌讳的是“高不成，低不就”。不过，俞敏洪又说了：“找不到工作是一件幸运的事情，因为你开始体会生命中的酸甜苦辣，将来你找到一份工作的时候，你会知道这份工作是多么来之不易，多么值得你去珍惜它。如果你有了这样的心态，你找得到工作和找不到工作，又有什么关系呢？”

俞式沙龙

罗永浩：您觉得大学生或者说年轻人找工作中哪些因素是最重要的？

俞敏洪：我是这么认为的，如果某一件事情能让我学到新的东西，让我得到成长，这就是最重要的工作；如果这件工作我从来没有做过，对我来说比较有挑战性，这就是重要的工作。

罗永浩：您对大学生创业这件事怎么看？大学生该不该创业？创业的话

又需要注意哪些?

俞敏洪：我个人认为一辈子不创业一次是一件非常遗憾的事，至于是大学期间还是毕业后创业，这是个时间问题。创业需要经验和许多前提条件：第一，你的专业是否足够纯熟，熟练到可以帮助你创业；第二，你处理利益关系的能力是否达标；第三，你有没有形成应付社会复杂局面的能力，比如应变各种经济、政治、法规的制约；第四，你有没有基本的商业运作的能力与知识。

馅饼只会掉下来一次

我们永远不可能说，站在这个舞台的中央，你坐在那儿不动，天上就掉下馅饼来，永远不可能。这个世界上有偶然的运气，有必然的运气，如果你把偶然的运气当成必然的运气，你的运气就会越来越差，但是一个人可以追求必然的运气。

什么叫必然的运气？必然的运气就是通过自己的努力踏踏实实地使自己到达某一个状态，到达某一个境界，用你这个状态，用你这个境界，用你这个身价去换取你所需要的东西。

25年前的我在北大拿一百多块钱的工资，这就是我的身价；15年前的我在新东方挣的钱也就是勉强养活自己；但是今天的我已经算是中国在美国比较好的上市公司的老总之一。这个东西是我努力得来的，所以不太容易被人剥夺；这个东西是我努力得来的，所以我接受得心安理得；这个东西是我努力得来的，所以我更加相信努力的力量。为我自己的后半辈子，我还会持续不断地努力，这就是一个正向的、积极心态的循环。

——2013年俞敏洪在《开讲啦》节目中的演讲

2013年1月4日，俞敏洪身着紫色T恤，站在《开讲啦》的演播厅内，用他一贯的幽默和激情，为在场的一百多位学生带来一次别开生面的演讲。短短的40分钟充满精彩，与撒贝宁的互相调侃，与学生代表的深度交流，都让人眼前一亮。

他提到了“偶然的运气”和“必然的运气”，剖析了“馅饼不会掉下来两次”的道理，一个人的命运要靠奋斗去改变。命运，命在前，运在后；

命、运不同，运可扭转，命在天定。

每个人不论富贵贫贱，总要经历生老病死；有的人命好，生在了富贵之家，一生衣食无忧；有的人命差一点，前半生多灾多难。但是，造物主在创造生命的时候不可能只给它好命、不给它差命，人也不可能一生都顺顺利利，总要有些磕磕绊绊。从这个角度来说，命对我们的影响其实是很小的。与之相反，我们却可以经过一番努力奋斗、不断打磨，使运气有所改变。身边常常有人感慨抱怨命苦、运气差，殊不知，有所作为可以改变这种境况。

算命算不了命

传说希腊神话里有命运三女神，她们纺织人间的命运之线，同时按次序剪断生命之线。俞敏洪有时候想，也许真有命运之神在天上，掌握着生命和世界的规则。每个人来到世界上都会有他的一个特定目的，好比李白说的“天生我材必有用”。消极的人遇到挫折时就觉得自己的没出息是命运导致的，但是俞敏洪说，人可以通过自己的努力来改变命运，每个生命都是有用的。我们不能抱有不良的心态去计算生命，也不要去预测自己的未来，俞敏洪曾做过这样的傻事。

他读大学的时候，宿舍几个同学觉得无聊，就学算命先生预测自己的未来，方法也莫名其妙，就是拿一本《新华字典》，随手翻到某一页，那一页的第几个字就代表几十岁的命运。其他几个室友比较聪明，都是预测他们80岁时候的命运，即使翻到了“无”字也无所谓，毕竟80岁一无所有也算正常的事。当时的俞敏洪大学生活比较痛苦，轮到他了，就想看看自己30岁时命运如何，结果翻字典翻到了“殡”字，这让他感到极度恐惧。随后的10年时间里，他都有一种莫名的恐惧感。最后过了30岁，发现什么事都没发生。回头再想起这件糊涂事，俞敏洪的感受是：去预测自己的未来是失去信心的表现，虽然一个人在穷困潦倒的时候不免会失去信心，但是预测并不会让你的未来变得更好。

中国人喜欢算命，不管是去庙里烧香求福，还是找风水先生、算命郎中，其实都是预测未来的一种。当你想通过一些数字、文字来安排自己生命时，实际上你已经对自己失去了信心，要知道，哪怕明天我们的生命没有了，今天至少它还握在我们自己手中。

理智，改变命运的第一堂课

当一个人坚信“天生我材必有用”时，他的生命会向着积极的方向发展，改变命运也不会步履维艰。但是，自信不能盲目，人不能失去理智，去尝试自己没把握的事，所以，改变命运需要一个人有良好的判断力、具备必要的常识、富有智慧。

新东方的一个学员晚上出去吃饭回来得比较晚，学校大门已经锁上。当时正值冬天，校门的铁栅栏上是一个个像红缨枪的箭头，这些箭头上结满了冰，光滑无比，不过，他觉得自己爬过去完全不成问题。但在他爬到一半的时候，一不小心滑了下来，整个手被箭头穿透了。这个学员在医院躺了一个多星期，而且他的一生都要带着伤残的手生活，何其悲惨。

俞敏洪这样评价：这就是没有常识，寒冬腊月去翻越结满冰、光滑无比的铁栅栏，这件事的危险度已经超过了50%，并且明明有更安全、更稳妥的办法——直接去敲门，虽然可能会被值班人员臭骂一顿，但是起码可以安全地达到进门的目的。

“不如意事十有八九”，改变命运的过程中更是存在许多危险，有些危险可以避免，如果你不能避免它，说明一定是你的判断失误，或者行事鲁莽的结果。就好比，让你去喝一桶水，你肯定喝不下去；但让你喝一瓶水，你就觉得很轻松。所以，当你只能喝一瓶水的时候，切不可有喝一桶水的念头，否则就可能撑死自己。这就叫作理智。

勇气，改变命运的最后一堂课

有危险是不是就不去做呢？俞敏洪用自己的亲身经历告诉我们，当一件事成功率有50%时，你就可以去做；成就事业的最好方法是去做有一定把握同时又存在冒险性的事情；不过，你要提前想好应对可能失败的方法，也就是说你要有承受失败的心理准备。

俞敏洪放弃北大教师这样的“铁饭碗”，出来自己创业这件事本身带有很高的风险，其母亲就曾说：“如果你离开北大，我就去死。”在离开之前，他就已经衡量过了，每晚出去上课——自己当老师还是比较合格的——完全可以赚到20元钱，一个月就是600元钱，这比北大的月薪120元多出了4倍，即使一家人租房子住也是可行的。所以，俞敏洪就放心大胆地离开了北大。后来创办新东方，他也是在有把握的情况下决定的。当时他想：把这两年赚的几万元钱都投进去，即使全部损失了，我也不会去自杀，大不了就当这两年没赚一分钱，但是我当老师的资格还在，依然可以每天赚20元钱，依然可以养活一家人。所以，当把他赚来的钱一次性投入到新东方时，他发现将来可能的失败自己能够承受，因此值得冒这个险。

改变命运的过程需要冒险、需要勇气，否则你的生命只会在谨慎和小心中失去色彩。好比海螺和鱼，前者有壳保护，遇到危险可以缩回去，虽然一辈子也走了很长的路，但是永远摆脱不了这个壳；鱼则不同，它丢掉了海螺的胆怯，去遨游整个大海，即使充满危险，但是它的生命充满精彩。

学会“找兔”

我们都知道“守株待兔”的故事，这其实就是讲述运气和机会的不同。农夫偶然间看到兔子撞死在木桩上，他把这件事看成了必然，幻想着还能再碰到一次，所以蹲在原地日日夜夜地等待第二只、第三只兔子的到来，还放弃了劳动。这就是过分相信运气。要知道运气是偶然的，短时间内是不可能再次出现的，你不能把它当真，你应该做的就是通过这件事找到其中的机会。假如农夫不蹲在原地，而是思考一番：这只兔子撞死在木桩上，说明这附近一定有兔子窝，我可以在附近广泛地铺上捕兽夹，这样我可以从农夫变成猎人；兔子撞在木桩上，说明它的视力不太好，我可以研究它的习性，这样我就可以从农夫变成动物学家；今天我待在这里“守株待兔”是错误的，这是一个哲学问题，我可以回去写本关于此观点的书，这样我就可以从农夫变成作家……

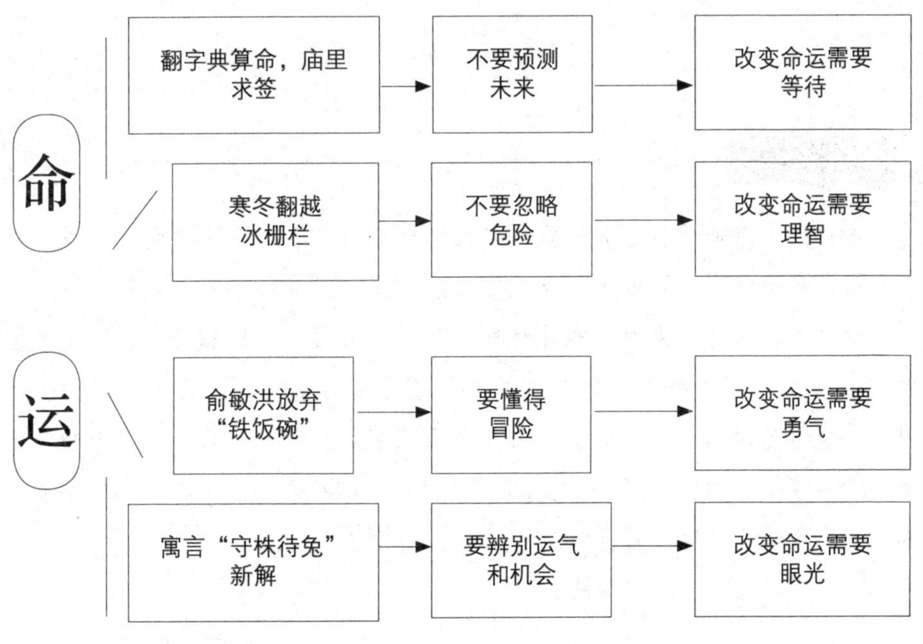

⊙ 命盘周转的时候，总会丢几个运下来。捡几个装进包里。

我们不能把偶然的运气当成必然的运气。人不应该去追逐偶然的运气，只有努力加上智慧，收获才是一种必然。

人们常把机会和运气混为一谈，不是抱怨自己没有机会，就是抱怨自己运气太差。其实，这世界上机会处处都是，关键是我们有没有能力抓住它。俞敏洪举过一个例子：“如果现在哈佛大学招收中国学生，条件是托福640

分以上、GRE2200分以上、本科平均成绩90分以上，只要满足这三个条件就可以去哈佛，还有全额奖学金，你能抓住这次机会吗？可能你又会说：哎呀，早知道我当初就努力点了。”要知道，世间的机会只会垂青那些有准备的人。

有自信、有勇气、有智慧的人，看到的是遍地的机会；而不自信、没有能力的人，抱怨就成了他唯一能向世界证明自己存在的机会。

俞式沙龙

张言：俞老师，我有时候觉得自己运气挺好的，但是关键时刻又没了运气。难道真的应验了那句网络语“人品用完了”？

俞敏洪：因为你太过于相信运气。生活中，我们可以相信它，但是不能迷恋它，或许上帝给我们每个人的运气数量是有限的，你某个时间段一直用，那它可就真的没了。好比，你中了大奖或者捡到一笔钱，你不能想着再中一次大奖，再捡一笔钱。运气是偶然的，你得到了可以欢喜，却不能当真。人不应该为了运气而全力以赴。

读书=自信

我在大学期间读了差不多800本书，我能读完，你就能读完。有的同学告诉我说俞老师书是读了，但是读完以后忘了怎么办，请记住读过了书忘了和没有读过书完全是两个概念。你看到你周围的同学读过了书，这些书你没读过，你马上内心会产生一种害怕的心理，会想这本书我也没读过，那本书我也没读过，这种感觉非常不好。但是你读过的书忘了，你看到同学在读书就没关系了，你可以说，嘿嘿，这本书我早就读过了。

所以读书不光是为了智慧，不光是为了知识的扩展，读书还可以奠定你内心某种真正自信的基础，而同学们都知道一个人的自信是走向未来更远的、更重要的基石。

——圆明园2011年度大学新生学习规划讲座“相信未来”

读书是嘚瑟的资本

俞敏洪在刚进入北大的时候，除了教材几乎什么书都没读过，毕竟他来自农村没有这方面的条件。当他走进大学宿舍的时候，有个同学已经在那儿，仰躺在床上，看着一本叫《第三帝国的兴亡》的书。俞敏洪走到跟前问：“我们在大学里要读这种书吗？”那个同学把书从眼睛上拿开，看了他一眼，什么话都没说，继续读书。就是这一眼让俞敏洪记忆终生。这是赤裸裸的蔑视，但同时也让俞敏洪知道进入北大不仅仅是来学习专业知识的，还要读大量的书，否则都不好意思出去说自己是北大的学生。所以，《第三帝国的兴亡》就成了俞敏洪在大学里读的第一本书，而且前后读了三遍。后来，他主动去找那个同学，说："咱们聊聊《第三帝国的兴亡》？"那人说："什么？我都已经忘记了。"

在北大，读什么书真的可以变成一种谈资，今天你读的什么书，最近有什么好书、新书都可能是讨论的话题。这个时候，如果对方提到的书名你没有听过、你没有读过，就会觉得很丢人，比考试不及格还丢人。俞敏洪进北大前连《红楼梦》都没有读过，看着身边的同学一本一本地读，不服输的他只好拼命地追赶。结果，在上大学的5年时间里，他先后读了将近800本书，而他的好朋友兼班长——王强比他还疯狂，读了一千多本，所以在读书方面，俞敏洪是紧跟着王强。每次王强去买书，他就跟在后面，什么新书、好书也都是从王强那里打听到的消息，读的书基本上是王强推荐和读过的。当时北大给学生每个月发二十多元钱的生活费，王强有个习惯是把它一分为二，一半用来吃饭，另一半则全部用来买书，买书的钱绝对不用来买饭票。俞敏洪在大学期间一直在这一点上效仿王强。

俞敏洪说："来新东方应聘重要岗位的人，我都要问一个最重要的问题，就是你在大学时读过多少书，如果你说只读了几十本，那我肯定是不会用你的，因为我的最低标准是200本。"现在的人喜欢读书的实在是少，但是哪怕你去书店翻翻那些名著，摸摸那些书，也能够增加一点人文气质。对于一个管理者而言，人文气质是很重要的因素，它会直接影响团队的氛围。

书就是增高垫

由于中国独有的科举制度等原因，自古以来中国就讲究读书。常言道："富家不用买良田，书中自有千钟粟。安居不用架高堂，书中自有黄金屋。出门莫恨无人随，书中车马多如簇。娶妻莫恨无良媒，书中自有颜如玉。男儿若遂平生志，六经勤向窗前读。"中国古代的文人常常以出口成章为荣。

但是到了现代，随着科学、经济的飞速发展，越来越多的人不再喜欢读书，甚至连四书五经是什么都不知道，更别说读过世界名著、诗词歌赋了，即便有人读书也多是些致富经、成功学。人们为什么不再读书了呢？是读书没有用了吗？

新东方流行一句话："底蕴的高度决定事业的高度。"多读书，不仅可以开阔视野，让人学会如何思考，培养创新精神，还可以增长一个人的底蕴。当然，有人会说"读万卷书不如行万里路"，实际上，读书和游历完全不冲突，这句话强调的是，人不能只读书，读死书，而应该在读书的同时有所思考、有所联系，同时还能到外面走一走，把学习的书本知识运用到实践生活中就更好了。俞敏洪如是说："当我们把人生经历的智慧和读书的智慧结合起来时，它们就会变成真正的大智慧，而它们正是你未来创造事业的无穷无尽的源泉和工具。"

俞敏洪喜欢读书，不管走到什么地方，都要随身带上一本，并不是说一定要读，只是说它可以像定心丸一样不至于让心里空落落的；也可以说，书像朋友，忠诚地守候在他身边，与他的灵魂进行温馨的对话。俞敏洪还喜欢读漫画书，以至于他怀疑自己的心智还停留在儿童时期。但是，每当他拿起一本漫画书，都会不由自主地喜上眉梢。

与俞敏洪不同的是，马云特别喜欢武侠，尤其是金庸先生的武侠，从《天龙八部》到《越女剑》，金庸的每本书，马云都读得滚瓜烂熟，这无疑增加了他侠气的底蕴。看他为阿里巴巴办公室起的名字便知道了，"光明顶""达摩院""桃花岛""罗汉堂""聚贤庄"等，就连洗手间也被命以文雅之称——"听雨轩"和"望瀑亭"。2000年的互联网论坛会议，马云就将其命名为"西湖论剑"，当时受邀参加的有王志东、丁磊、张朝阳、王俊涛，是不是很像《射雕英雄传》中的华山论剑？马云特别喜欢别人叫他的绰号"风清扬"（《笑傲江湖》中传授令狐冲独孤九剑的人），寓意着如风一般清逸、飞扬。

读书是一种感觉，读书是一种信仰，旅行中带上一本书可以填补心灵的空白，为匆匆的时间流逝增添一份雅致。常读书的人一定是充满自信的人，他们把优秀的书籍当作难得的朋友，当你不需要的时候你感觉不到它们的存在，当你需要的时候它们总会及时地来到你身边。常读书的人会把阅读的过程当作一场恋爱，用心地去营造环境，而后静享温暖的甜蜜。

俞式沙龙

刘倩倩：您说您在大学读了差不多800本书，并且建立起了强大的自信，读书真的有这么神奇的功效吗？

俞敏洪：我大学读了5年，时间基本上都花在了读书上，以至于恋爱都没时间谈。读书的确能提高一个人的自信心，以我为例，如果我没有在北大通过读书建立起的自信，我就没有自信在北大留下来当老师，我就没有自信最后出来干新东方，我也没有自信把新东方干到今天，所以读书是建立自信的基础。

第2章

大树，还是小草？

志向是
不能抛弃的行囊

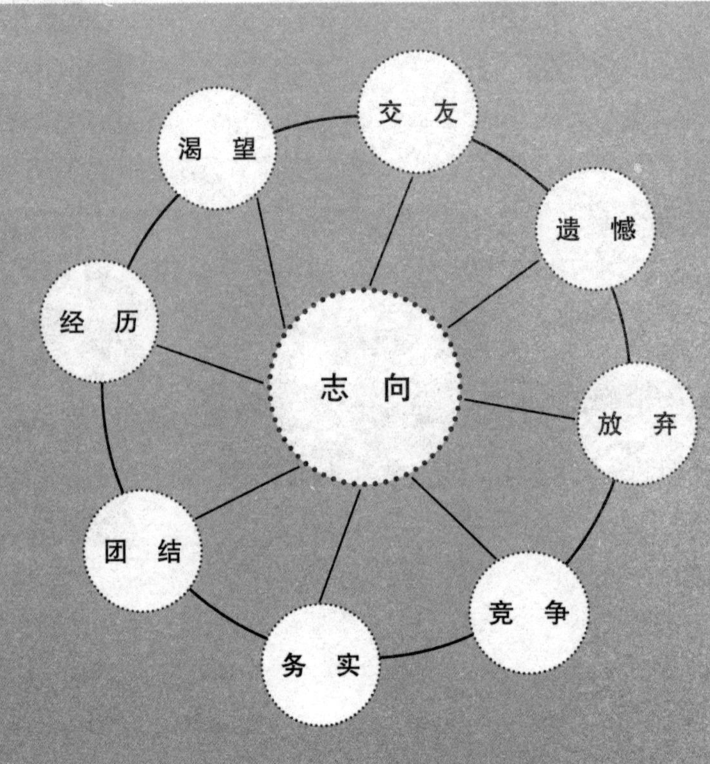
交 友
渴 望
遗 憾
经 历
志 向
放 弃
团 结
竞 争
务 实

心中还有那座雪山吗？

我们决定坐在山脚下，带着敬畏的心情仰视雪山。在默默静坐的时刻，我突然想到刚才在山里面转来转去，就是看不到雪山主峰的情景，心里为之一震。小山在眼前，挡住了背后的大山，以至于我们看不到大山的雄伟和纯净。这不正像在现实生活中，我们常常被眼前的利益和短期目标所阻挡，以至于失去了远大的理想和崇高的追求吗？

我们自以为很忙碌，甚至没有一点空闲的时间来思考自己所做事情的最终目的和价值，结果陷入空虚和茫然之中。在教室里苦读的时刻，在办公室里忙碌的时刻，在生意场上钻营的时刻，有多少人问过自己心中那高大纯洁的雪峰到底在哪里呢？有多少人能不管现实生活多么残酷，为自己在心灵一角永远保留一片无论如何都不会被污染的天空呢？

——俞敏洪《生命如一泓清水》

俞敏洪说，一个人可以过贫困的生活，一个人可以过孤独的生活，但是一个人不能过内心没有火焰的生活，一个人不能过内心没有渴望和向往的生活。“海阔凭鱼跃，天高任鸟飞。”生活中谁都希望自己能成就一番事业，然而成功者甚少，籍籍无名者更多，那些闯荡江湖多年的人，那些屡屡被现实打败的人，那些历经风雨不见彩虹的人，志向是他们唯一不能丢弃的行囊。

树与草

“我们的生活方式有两种：第一种是像草一样活着，你尽管活着，每年还在成长，但是你毕竟是一棵草，你吸收雨露阳光，但是长不大。人们可以踩过你，但是人们不会因为你的痛苦而产生痛苦，人们不会因为你被踩而怜悯你，因为人们本身就没有看到你。所以，我们每个人都应该像树一样成长，即使我们现在什么都不是，但是只要你有树的种子，即使被人踩在泥土中间，你依然能够吸收泥土的养分，让自己成长起来。也许两年、三年你长不大，但是10年、20年你一定能长成参天大树。当你长成参天大树以后，在遥远的地方人们就能看到你，走近你，你能给人一片绿色、一片阴凉，你能帮助别人，即使人们离开你以后，回头一看，你依然是地平线上一道美丽的风景线。树，活着，是美丽的风景；死了，依然是栋梁之材，活着死了都有用，这就是我们每一个人做人的标准和成长的标准。”

这是俞敏洪在央视一档节目中讲过的关于“树与草”的比喻，每个人都应该有成为大树的志向，变成大树的渴望，一个人就像一棵植物一样，如果内心没有长大的种子，那就永远都长不大。你的内心有树的种子，你终有一天能成为树；你的内心是草的种子，你就只能长成草。树的种子和草的种子我们是可以变换的，不像自然界里不能变换，好比松树的种子不能变成杨树。树与草的变换，我们随时都可以办到，只要你想变，它就是一瞬间的事情，只要你内心想要把它变得崇高，变得伟大。

俞敏洪有这样一个朋友：他最初的学历是中专，经过一段时间的工作，发现自己中专的学历远远不够。他为什么是中专毕业呢？并不是因为他的能力不行、人不聪明，而是他的家庭条件实在太差，只能上一个师范学校。在30年前，师范院校是不收取学费的，所以，他希望能早点毕业、早点工作、早点供养家庭。工作中他发现自己的知识结构、见识视野根本不够，他开始努力自学，考了大专；考完大专，他觉得还是不够，就想再往上考，去考研究生。那个岁月只要是大专毕业就可以考研究生。考研究生当然要考最好的，所以他把目标锁定在北大。他辞掉工作，在北大外面租了一间小破房，努力自学3年，终于考上北大政治系的研究生。北大毕业后，他成为公务员，来到北京一个非常好的中央单位工作。在那个单位工作的日子——一杯水、一张报纸，他发现这并不是自己想要奋斗的目标，所以，他业余的时候去新东方学习托福、GRE，目标就是要到世界名牌大学读书。他在新东方学了两年，两门考试都通过了，最后进入了哈佛大学肯尼迪政府学院。毕业之后他在国外工作了一段时间，正好遇到中国政府招聘留学生回国工作。应聘者只要合格，甚至能当厅局级干部。于是，他成为某单位的一名厅局级干部。由于他的志向，由于他中西方文化结合的背景，他很快就成了该单位比较重要的管理干部之一。

其实，每个想取得成功的人都会有像上面这个朋友一样的经历，除了不断地奋斗，最重要的还是要心存大志，假如你只想有个赚钱的工作，过上舒舒服服的小日子，就不可能不断攀登人生的高峰。对于生命，我们应该有一种内在的渴望和向往，有想要看远方地平线的冲动。

心里装个GPS

有的人会有这样的感觉：即使不用地图或者任何指引方向的设备，也不会迷路，因为自己天生就有很好的方向感。在俞敏洪身上就发生过类似的几件趣事：

一次他跟几个朋友去呼伦贝尔草原旅行，汽车开到草原后，突然发现天地浑然一体，四周一望无际的都是绿草，几个人完全分不出东南西北，汽车无奈地在茫茫草原上打转。后来，他在美国开车旅行也有类似的经历。从纽约到波士顿，其实只要沿着95号高速公路一直开就行，可俞敏洪当时没带地图，因为一处地方交通拥堵而改到其他路线，结果开进一个小镇，该小镇上的街道纵横交错，没过多久，他就迷失了方向。祸不单行的是小镇上又没地图卖。最后，经过一番询问他才发现，大路的路口就在离最先迷失方向的位置不足两英里的地方。

这两件简单的小事让俞敏洪明白：在没有地图的情况下，贸然进入陌生的地域会很麻烦，事先弄清楚到达目的地的路径至关重要。实际上，它也暗示着一个人生道理：一些人看似很清楚自己最终想要的东西，但对于如何得到它却不怎么关心。比如问他们的五年计划、十年计划是什么，他们会说出国留学，成为某个领域的专家，买车买房等；问怎么去实现它们时，他们却又答不上来。

“地图”的重要性就在于此：人生有目标不难，难的是达到这个目标，如果你的人生没有一张清晰的“地图”，画着如何到达目的地的线路，那么你很可能在前进的过程中迷失自我、迷失方向，其后果要么是盲目转圈，要么是背道而驰。当你走在人生的康庄大道上时，身上应该有一张“地图”，上面标示着你人生的若干目标，并且要把达到这些目的地的路径也画得很清晰。同时，你的心里还要有应付意外发生的准备，比如这条路突然走不通了，如何去确定新的路径。

有时候，我们确实想坚守心中的那么一点高贵，怎奈架不住身边人的眼光，一个个世俗的眼光以压倒性的力量让你屈服，迫使你放弃理想，抹去目标。现实生活的繁杂与匆忙需要精神上的辉煌来引导，否则你就离毁灭不远了；只有保留那份渴望与向往，心中才有那座“披着霞光绕着云雾的雪山”。

俞式沙龙

谁都想让自己变得高洁一些，没有谁是喜欢低下的。当遭遇人世间的计较、争夺、妒忌、诋毁时，或许你会第一时间闪开。然而，当看到那些斤斤计较的人能得到眼前利益时，你开始感到心理不平衡，不甘心的你于是也加入这种争夺，最后在争夺中迷失自我。

比如，学生为了分数名次争得失去了纯真，职员为了奖金名额争得失去了雅量气度，老板为了利润迷失了道德，官员为了权势迷失了人格。那些心中还藏着雪山主峰一样崇高理想的人，变得像云雾里的雪峰一样难得一见。

——俞敏洪

土鳖带海龟

新东方有一句话是“一只土鳖带着一群海龟在那儿干”，我就是土鳖，徐小平、王强、包凡一就是海龟。

新东方为什么能干到今天？有一个比较重要的原因，就是因为中国的土地比较干旱，海龟在土地上爬，有时会失去方向；土鳖本来就在土中间长，带着一群海龟，既能共同呼吸大洋彼岸的空气，又能熟悉中国的土地，结合起来可以多做一点事情。

——2009年俞敏洪在首届新东方留学高峰论坛上的讲话

学生代表：我觉得您在做任何事情的时候都有更深层的目的在里面，经常是放长线钓大鱼，尤其是在交朋友方面，交的朋友往往都是一些有用的朋友。所以我觉得您在交朋友方面有阴谋。

俞敏洪：其实，这个分析是有道理的，但是你要把它归结为阴谋，就说明你心底的光明度还不够。老子有句话：“非以其无私邪？故能成其私。”就是说这个世界上每个人都是有自己的私心的。我也不例外。关键是看你在跟别人打交道的过程中，怎样实现自己的一点私心。我觉得标准有两个：第一，实现你的私心，不能伤害别人；第二，如果在此基础上，这个私心的实现对所有人都有好处，那么就大胆去做。我个人做这些的方法，绝对不会说眼前看见一块钱，一把就抓住，然后说是我的；我会想一想，如果让别人捡走了，是不是我会拿到十块钱，很简单。所以千万不能把这个东西归结成阴谋。

《开讲啦》节目中，俞敏洪与学生代表有上面这段对话。表面上看俞敏洪在交友方面似乎存在一定的功利性、目的性，但是他道出了一个交友的标准：要交让你感觉到能从他们身上学到东西的朋友。学到东西就意味你能跟着进步，交友时要“宁为牛后，不为鸡头”，就是跟在牛人的后面学习。正所谓“良禽择木而栖”，与人打交道，或者结交朋友，理应选择优秀的人，这并不代表你势利、有阴谋。

藏书家——王强

王强是俞敏洪在北大的班长，出自书香世家，家里藏书数万册，俞敏洪读书的爱好就是跟着王强培养起来的。在俞敏洪心中，王强是第一个“牛人”。

俞敏洪把生活费一分为二的做法就是跟王强学的。每到周末，两人就会出去买书，俞敏洪对于买书不在行，所以看到王强买什么，他也买什么。王强被他搞得烦不胜烦，说道：“你能不能别跟着我？”俞敏洪说：“你是我的班长，你有责任帮助落后同学。”俞敏洪心里自然知道王强把他赶走的真实目的，那个时候，王强可是班上很多女生追求的对象，如果俞敏洪不跟着他，他就会带其他女生去买书。直到今天，在读书方面，俞敏洪还是尊王强为师，这个习惯一直持续着。每次新东方人聚会，大家谈论最多的还是读书，一旦谁哪本书没有读过，就会被其他几个人说“看看你，大学的时候就这么不用功，现在还是那样”。今天的新东方之所以读书氛围浓厚，原因就在王强。

除此之外，王强还是一个有远大志向的人，他的梦想是成为一个有社会地位、有声望的人。他的经历可以充分说明这点：1984年，北大毕业后留校任英语系助教、讲师；1990年，自费赴美国求学；1993年，美国纽约州立大学计算机科学硕士毕业；1994年，进入美国贝尔实验室担任高级工程师。出国留学的几个人之中，王强算是比较成功的一个。1996年，俞敏洪赴美“游说”王强回国。

音乐家——徐小平

认识徐小平是件有趣的事。当时，他在教一门西方音乐史的选修课，俞敏洪听了一节觉得这个老师才华横溢，很想认识认识。一个星期后，他去敲徐小平家的门，说自己听完课很感动想向其请教。他进屋后才发现，这里已经聚集了一群年轻教师。原来，这是徐小平的一个习惯，每到周五晚上，他就会招一批老师来自己家里聊天。当时俞敏洪问自己能不能留下来，徐小平说："不行，我们聊的都是男男女女的事，像你这样的纯情少年会被污染的。"幸好俞敏洪反应快，说："徐老师，我正好在这方面需要一些启蒙教育。"于是，俞敏洪"蒙混过关"留了下来。听着他们聊天，俞敏洪忽然发现没人帮着烧水，后来，他就帮大家倒水、煮方便面。连续去了四次，到第五次的时候，俞敏洪突然不去了。为什么不去呢？他就赌那帮人已经离不开他，心想，也该是时候显示出来自己的重要性了。果不其然，徐小平的电话打来，说："你个兔崽子怎么还不过来？"俞敏洪赌赢了——他们确实已经离不开他这个小子了。之后的一年里，俞敏洪经常去听这些人聊天，大家不同的思想不断涌入他的脑海。1996年，俞敏洪赴美"挖人"，徐小平就是第一个。用他的话说：新东方不缺少老师，缺少的是有思想的人物，需要能管理新东方思想的人。

徐小平跟王强的文人气质不同，他更像是一个艺术家，毕竟他是搞音乐出身。王强还跟着他在北京大学艺术团待过，当时王强做团长，徐小平任指导老师。徐小平的梦想是能够在中国办一个唱片公司，推自己的歌、推自己的唱片。

哲学家——包凡一

俞敏洪与包凡一认识是因为上下铺。进宿舍的时候，包凡一先"霸占"了下铺，而俞敏洪也想睡下铺，看着眼前的壮汉，硬来不行，俞敏洪心生一计，谎称自己晚上有尿床的习惯，最后成功得到下铺的使用权。

大学时期，包凡一的行为算是典型的犬儒主义：一周不洗澡稀松平常；穿衣服是从箱子里一件一件穿，穿脏了就扔床底下，当一箱子衣服全拿完了，就把床底下的衣服捡出来看看哪件更干净，然后继续穿；假如实在没得穿，就把那些脏衣服放到一个大桶里，撒点肥皂粉，最后用脚一通乱踩，用水一冲——完事。你要问他为什么不用手去洗，他说用手洗衣服是对人类智慧的侮辱，人类的手怎么能去洗衣服呢。就是这么一个人，大学4年的时间一次被子没叠，前三个月你还能看到被罩，过三个月被罩没了，又三个月被面

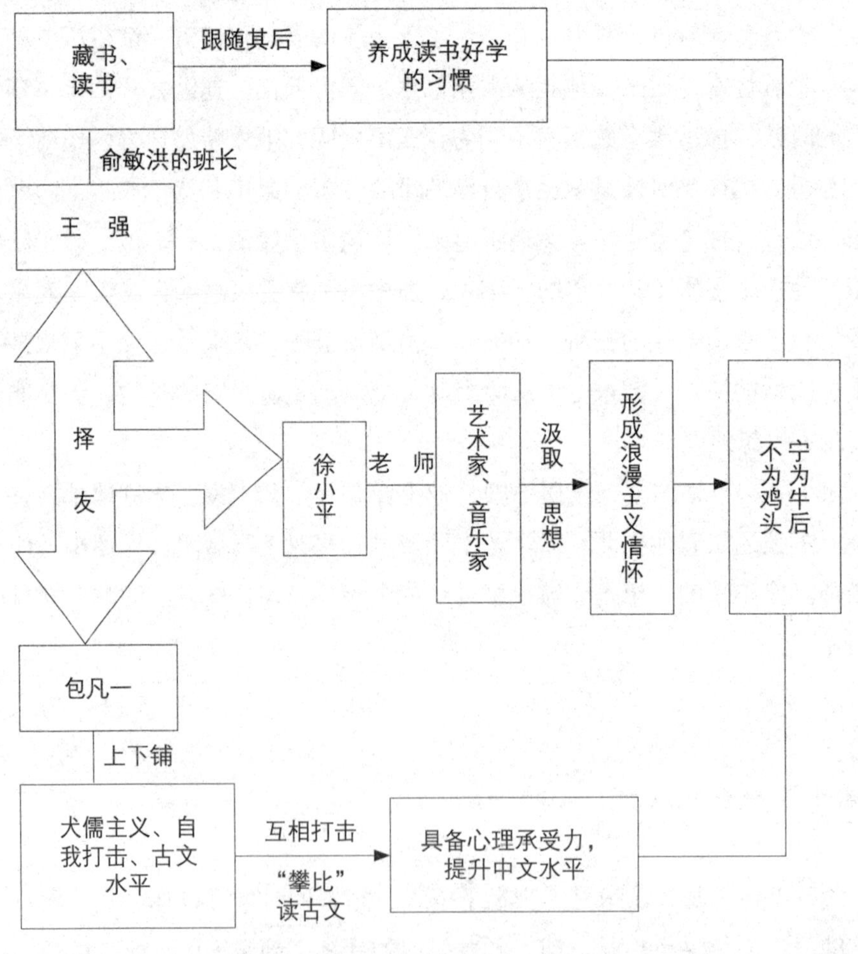

⊙ 交朋友就跟找漂亮媳妇一样，歪瓜裂枣你要啊？

没了，他的大学整个睡在一堆棉花絮里。

包凡一身上有两点好处：一是前文提到的自我打击能力。可能是因其犬儒主义的优势，他能够一眼看穿人的伪装，然后把这个人损得体无完肤，最后逼得大家只好互相打击、互相嘲讽。二是他的古文水平特别高。估计是受到他父亲（浙江大学文学院教授）的影响，他对古文极度热爱。据说在他还不会说话的时候，父亲就已经在教他背古文了。所以，包凡一5岁背《离骚》，8岁通读《金瓶梅》。俞敏洪在大学学古文就是从背《离骚》开始，二人曾打赌俞敏洪不可能在一周之内背下《离骚》，毕竟包凡一可是从5岁背到7岁，结果还是俞敏洪赢。因为包凡一的影响，俞敏洪越来越喜欢读古文、背古文，从《古文观止》开始，再到《老子》《庄子》和四书五经，他的中文水平自然而然地随之提升。

向优秀的人学习的重要性不言而喻，俞敏洪在一开始就发现他们身上的优点——王强的好读、徐小平的才华、包凡一的韧劲，然后跟着他们学习，即使自己某天懈怠了，这些朋友也会督促自己。物以类聚、人以群分，你有什么样的交际圈决定着你将来会成为什么样的人。

俞式沙龙

苏黎：中国自古的交友原则都是“君子之交淡如水，小人之交甘若澧”。您提出的“宁为牛后，不为鸡头”的标准会不会太过苛刻了呢？难道那些“矮穷矬”就不配拥有友情吗？

俞敏洪：这个问题不能一概而论。总的来说，如果你能在一个人身上发现你身上没有的闪光点，你就可以去跟他结交。例如，伯牙和子期，子期就是个砍柴的，但是他能听懂伯牙的琴，所以他俩成了知音。

交朋友要尽可能找比你更加出色的人，不能让交的朋友给你带去负能量，这是不行的。

苏黎：我能从您的交友观中读出目的性，难道交友仅仅是为了能帮助自己的事业吗？

俞敏洪：首先，我认为你想交到好朋友，你必须是个好心的人，一个能让人放心的人。如果你是这样的人，当你遇到困难时，就会有人来帮助你，他们就是你的好朋友。其次，我不认为交朋友一定要具备目的性，就像刚刚我提到的俞伯牙和钟子期，他们的友情就很纯粹。我始终认为，朋友能给你带来成长这点就足够了。

巨蟒VS巨鳄

一个人要出发前，先得问问自己到底要走到哪里去，如果不知道目的地就出发，那叫作徘徊或盲动。红军万里长征到达了陕北，而乱走一万里可能只是原地踏步。目的地的远近决定了所需要做的准备的不同：如果你从北大到清华，可能只需要骑自行车；如果你从北京到天津，可能就需要开汽车；而从中国到美国就需要坐飞机过去。

目的地的环境也决定了你需要具备的能力和装备：如果你在城市行走，也许只要有钱就什么都能解决；如果你到国外去行走，就需要对当地的语言和习俗有所了解；如果你要登上喜马拉雅山，那就需要你有强健的体魄、足够的训练和必要的登山设备。

——俞敏洪谈“定目标”

蟒蛇吞巨鳄

俞敏洪读过一则新闻，说美国佛罗里达州的大沼泽地国家公园里，发生了一起巨鳄战巨蟒的惊人事件。

一条4米长的巨蟒仗着自己又粗又长，去吞食一条2米长的巨鳄，自以为是的结果被证明是不自量力：巨蟒的肚子被撑爆，巨鳄也在蛇腹中窒息而亡。两个庞然大物的较量最终以同归于尽告终。

虽然表面上是巨蟒吞掉了巨鳄，但其实二者都是失败者和牺牲者。出于好奇心，俞敏洪又详细地查阅了相关资料。原来，这条巨蟒非“本地户口”，而是宠物爱好者从缅甸带回美国的，后来又被饲养者抛至野外。或许它之前并没有见过鳄鱼，以为这种“小家伙”非常容易对付，便信心满满地向其张口。实际上，大沼泽地国家公园内蟒蛇对战鳄鱼的事件不止这一起，可悲的是，蟒蛇从未胜利过。

在自然界，很少有一种动物去攻击与自己力量相当的另外一种动物，更不会去攻击比自己更加凶猛的动物。在亚马孙河流域，有一种全世界最大的蟒蛇——阿纳康达（Anaconda）。直到今日，也未传出它攻击鳄鱼或其他凶猛动物的事。《孙子兵法》云：“知彼知己，百战不殆。”美国的这条蟒蛇就是犯了既不知己也不知彼的错误，还未熟悉环境状况就贸然出击，以致丢了“卿卿性命”。

同样可悲的是，我们身边也常有人犯与这条蟒蛇一样的错误：在还未熟悉环境，没有充分了解对手的情况下，就私自行动或者妄下判断，完全以主观臆断说话办事。最突出的就是近几年“海归”变“海待”的事。

“海归”们以为在国外学到了大量的、优秀的理论知识，一个个自诩身怀绝技，从踏上祖国大地的那刻起，他们就立下了崇高、远大的目标与志向。而真正开始实施时，他们却忽略了中国企业发展的实际情况以及整个经济、政治大环境，一味生搬硬套既得理论。结果可想而知，他们不是一事无成，就是碰得头破血流，继而心灰意冷，或者滋生怨气。

在俞敏洪看来，树立目标，确立志向，是好事，但是也要量力而行，要实事求是，“做事情的时候，要对周围的环境和人物进行充分了解后再决定如何行动，这是成功的关键”。不管你的志向是想当国家主席，还是想获得诺贝尔奖，其本身都无可厚非，重要的是你不能一口吃个胖子。不妨把这些高大的目标细化，然后认认真真地做好这些小事，如此，未必不能消化“庞然大物”。

盲从的代价

一次，俞敏洪与几个朋友去呼伦贝尔草原游玩，向当地的朋友借了三辆越野吉普车，一伙人兴高采烈地兜着风，驰骋在蓝天绿野间，碧蓝的天、洁白的云、翠绿的草，所有的一切都让人心醉。

忽然，一块蓝宝石闪烁在大家眼前，细细一看竟然是一个澄澈的小湖，大家商量着把车开到那里嬉戏一番。想要到达湖边，需要开下一个草坡、再翻上一个草坡，两个草坡间是一个低洼地带，草原上没有路，大家只能凭感觉往前行进。当第一辆车朝着湖的方向开进时，后面的两辆车也兴奋地紧跟着。开着开着，第一辆车突然在前方陷下去了，很难想象，那处低洼地带竟是一小片沼泽，被覆盖的草皮遮掩。虽然后面两辆车发现得及时，但还是没能刹住车，相同的命运降临在大家面前，真算是“有祸同当”。一开始的尽兴畅游此刻却变成了抢险救车，最后留在草原上的是一声声遗憾。

其实，在看到那片低洼的时候，俞敏洪就觉得不对劲，嘀咕着那个地方可能是个陷阱，再看看周围，只要一绕道还是可以安全到达湖边的。同车的人也凭自己的经验觉得会有危险，但又认为第一辆车的司机不至于那么笨，之所以敢涉险肯定是有把握的，或者之前来过。这么一来，大家也都心安理得地跟随。可惜，大家想错了，这一想错差点造成车毁人亡的后果。

俞敏洪事后就总结：人是极其容易盲从的，盲目地相信别人，盲目地跟随别人。然而，人们每天都在追随：别人上大学我们也要上大学，别人出国深造我们也出国深造，别人学习计算机我们也学习计算机，别人玩电脑游戏我们也玩电脑游戏……仿佛自己的目的、自己的志向是别人给的一样，仿佛随大流就不会出错一样。盲从让一个人忘记了思考，盲从让一个人耗费了精力，盲从也让一个人耽误了此生。

你是一条大河，就安心地向前流淌，把注入大海作为你的目标和志向，而不要想着成为一座山、一条小溪、一处湖泊、一片沃野，只有你的眼光直勾勾地盯着远方，那个属于你的远方，你的一生才不会摇晃。这就是俞敏洪想告诉我们的。在你迈出自己的脚步之前，先警告一下自己：不要盲从！

不同的目标，不同的方法

人的一生可以有数个目标，比如，我想获得多少工资，我想追到某个美女，我想爬上某座高峰，我想掌握某种外语，等等。针对不同的目标，实现的方法也是不同的，拿爬山来说，你的目标是爬泰山，他的目标是珠穆朗玛峰，爬上去的方法也就截然不同。

首先，我们应该对目标分类，目标基本上可分为短期目标和长期目标。短期目标往往达到后就算完成，比如各种考试，考过了就不需要再考；长期目标的达成，比如掌握一门外语，需要持续不断地努力。

有一年新东方的新年晚会上，俞敏洪要为学生们表演节目。因为之前事务繁忙，准备的歌曲简单练习几遍他就感觉自己掌握了。当站在聚光灯下时，他的脑袋一片空白，歌词与旋律完全想不起来，在众多学生、老师面前出了大洋相。后来的几天时间，俞敏洪几乎都在听这首歌，誓要雪耻。如今，他在任何场合下都可以很好地演唱它。

唱歌，对于俞敏洪来说就是个短期目标，可惜他没有做好充分准备，未能结合自身具体情况，导致小小的目标无法顺利完成。这也让他明白了一个道理，不同的事情，就要根据具体情况做出具体的准备，不认真只会带来失败。

大学一年级的时候，俞敏洪下决心要学好英语，所以开始背诵《新概念英语》。起初，背诵是一件无比痛苦的事，简短的一课都需要两三天的时间，还经常忘记。后来，他逐渐着迷于背诵，坚持一天背诵10小时以上，还乐此不疲，还背出了成就感，以至于几个月的大学课程都没上。最后，他把《新概念英语》上的几十篇文章背得纯熟。

获得超高的外语水平，对于俞敏洪来说就是个长期目标，想要达成这样的目标，一定要有他这种不达目的誓不罢休的态度，心无旁骛几近忘我的态度，乐此不疲心向往之的态度。

短期目标就像闪电恋爱，来得快去得快；长期目标就像永恒爱情，要培养要灌溉。采取什么方法取决于你所设立的目标，前者要爆发于一点，快速迈向下阶段；后者要潜心研究，直到彻底掌握为止。能根据不同目标使用不同的方法，这也是一种智慧。

务实是另外一种接地气

俞敏洪对于鲁冠球“定目标、沉住气、悄悄干”的九字真言可谓是推崇至极。

鲁冠球从最初的乡镇企业开始，小本经营，小打小闹，做好汽车的万向节是他当时的目标，也是唯一目标。后来，小生意变成了大生意，他逐步把目标伸向金融、地产、教育等行业。万向的发展过程是伴随着鲁冠球目标的不断提高和改变进行的，这也更加印证了“定目标”的重要性。

定目标，俞敏洪认为可不是简单地设立目标，还要考虑这个目标是否切合实际，是否符合自身的能力，能否为自己带来成长。一句话，这个目标要务实，要接地气。

比如，你突然说“我明天要去哈佛大学学习”。其实，世界上的每个人都可以去那里读书，但是你说你明天就去，那你就是疯子，是痴人说梦，这个目标就不务实，是随口的妄言；你说你明年想去，这还有可能；你说你5年之内要去，那就更有把握了。

孔子曰：“三十而立。”俞敏洪说，如果30岁以后还不知道自己这辈子要干什么，还在不断地换工作、跳槽，那就是一件麻烦的、荒唐的、可悲的事。这就是关于目标的意义。从大学开始，到30岁这个关口，这近10年的时间，你需要搞明白到底什么才是自己一辈子要做的，什么样的方向是自己要前往的。

俞式沙龙

林慧娴：有这样一个数据，说三分之二的中国大学生都没有明确的奋斗目标或者职业规划，那么俞老师当初是如何规划自己的人生的？

俞敏洪：我上大学的时候，其实也是没有明确的奋斗目标。当时，国家分配给你什么专业，你就读什么，毕业了，国家分配你到哪个单位，你就得去什么单位，所以我们的人生目标就是做好当前的事，比如读好书、学好技能。

对于现在的大学生来说，应该在大学期间就确定自己将来要做什么。如果你的专业不是你感兴趣的，可以选修一门感兴趣的，毕业的时候就等于多了一项能力。

另外一点，假如你毕业的时候还没能确定自己的方向，没有关系，你在20~30岁，可以有无数次的调整机会，可以一边工作一边琢磨，然后再慢慢向那个方向转。

遗憾，你本来就很美

我们的生活永远都是有遗憾的，任何人的一辈子都不可能完美。这就像爬山一样：你看见一座山峰，想要爬上去，把它当作你人生的最高目标，但当你爬上那个山头以后，肯定会出现两种情况中的一种。第一种情况，山头已经在你的脚下了，因此你失去了目标；第二种情况，你惊奇地发现遥远的地平线上还有一座更高的山，这时你肯定会想爬上另外一座山头。我们的世界充满了向往和追求，向往和追求停滞的那一天，你的生命也就消失了。

——2003年俞敏洪对北京新东方员工的讲话

遗憾是追求的“跟班儿”

俞敏洪告诉我们“生命要有渴望”，只要还有向往和追求，我们的生活中就会有缺失和遗憾。因为没有人可以把事情做得尽善尽美，“金无足赤，人无完人”，也没有人可以把自己一辈子想要做成的事都做完。但是，人应该有宽广的胸襟和远大的志向，虽有遗憾，我们依旧需要向前走。

俞敏洪一生的经历恰恰是追求与遗憾的共生：

他高考考了3次，前两次的成绩相差不到10分。前两次他最高的目标也就是江苏省常熟地区的师范学院，谁知第三次竟然考上了北大。冥冥之中有这么一个更大的目标在等着他，幸而他不曾放弃追求与向往。

进入北大，他天资平平、表现平平，整整六七年的时间没有尝到爱情的味道，此乃人生一大遗憾，大三的时候更是因为肺结核休学一年；在北大教书的日子不但没有取得什么大的成就，还因为外出教书被记一个行政处分；万事俱备，终于可以联系美国的大学，结果却没一个大学愿意提供奖学金，这真是遗憾连连。为什么他的追求路上要有这么多遗憾？原来不远的地方有一个新东方正在等着他，幸而他不曾放弃追求与向往。

也许将来的某一天，俞敏洪的新东方没了，但是新东方精神不会消失，他的追求和向往不会停止，只要他的生命不息，他依然有勇气重新创建另外一个新东方，或许那个时候它叫“新西方”也未可知。即使他不再办学，也可以去办个新东方杂货店，说不准哪天就能成为像沃尔玛一样的全世界最大的连锁店。最关键的是，你要有一个追求不辍、向往不辍的心，不会因眼前的遗憾而伤心流泪，你要坚信每一个遗憾背后都有一个更大的目标等着自己。

且行且珍惜

俞敏洪大三的时候由于肺结核而休学了一年，再回到学校时，已经从80级变成了81级，当时并不觉得有什么影响，毕业之后才明白其中的关联。在当时，80级和81级的同学几乎都不认为俞敏洪是自己的同学，所以大家从国外回来后，80级的拜访80级的，81级的拜访81级的，就是没人去拜访他。俞敏洪感到非常痛苦，非常心酸，自己在房间里咬牙切齿，甚至抱怨他们。后来，俞敏洪的事业越做越大的时候，他明白当时那种心态是错误的。这用他“草与树”的比喻最为恰当。当你籍籍无名的时候凭什么让别人关注你，想让别人注意到你，只有你不断地向上攀登，由草变成树，让别人在远处就能看到你。俞敏洪珍惜这份痛苦与心酸，心中也不再责怪那些同学。现在，80级和81级的同学都将他看成是同学。

正是因为生活中有这样那样的遗憾，我们才应该付出更多的努力，去争取让自己的生命更加丰富。这就需要一个人懂得珍惜，珍惜每一个潜在的能够向上的机会，珍惜任何一次失败和痛苦，珍惜每一个遗憾。

应该珍惜的不单单是那些好的机会，比如涨工资的机会、升职的机会、出差的机会等，还应该包括那些让人不舒服的“机会”，比如失败、痛苦、挫折等。俞敏洪常常对学生说：“过了一辈子，如果回首往事的时候你不能想起一些令自己感动的日子，如果别人想起你的时候也没有一些让他们感动的事情，你这个人在世界上就算是白活了。”

珍惜生命中的每一天，它快乐也好、痛苦也好，都是上苍馈赠的礼物，需要我们用积极的心态去对待，眼光要远，心界要广，只要我们做过的事就一定会留下痕迹，很可能就有感人的细节，要学会珍惜这些细节。

看淡得失的清逸

俞敏洪有一个关于向前走的比喻：

前面有一瓶水，人们都希望得到它，为了能得到这瓶水，你拼命地向前跑，结果快要抓住它时，水被别人拿走了。你很伤心、很遗憾，但是你不能因此就不往前走。于是，你抹抹眼泪继续往前，发现那儿有一个花篮，里面有各式各样的鲜花，当然，可能你走近的时候，又有人拿走了它。你继续向前，走得更远，也许前方有笔记本电脑等着你，它比花篮更有价值；如果笔记本电脑没有拿到手，你还要前行，也许心爱的人在那儿等着你。

我们应该用这种心态去看待生活的得与失。为什么会有遗憾？为什么要学会珍惜？说到底，就是如何对待得、如何对待失的问题。每个失去的背后往往有其他东西，即便最后你很倒霉，什么都没得到，起码你在追求的过程中得到了生命的丰富。有了这样的心态，你就永远不会失落，永远不会失望，也就真正懂得了珍惜的意义、遗憾的真谛。

生活不是平静的湖面，看似一望无际，实则更像是一潭死水；生活更多的时候是一汪海洋，时而波澜起伏，时而狂风暴雨，有升就有降，有晴就有阴，有得就有失，有完美就有遗憾。我们不能贪心地把不如意的部分都抹去，只留下美好的部分；也不能灰心地看待不如意的部分，忘却美好的部分。

“人有悲欢离合，月有阴晴圆缺。”人只要有向往和追求，生活中就会有缺失与遗憾。“树欲静而风不止，子欲养而亲不待。”生活中有这样那样的遗憾，我们才要学会珍惜。“命里有时终须有，命里无时莫强求。”懂得珍惜的意义，我们也就有笑看得失的胸怀。

俞式沙龙

《南方周刊》：您这一生有遗憾吗？您怎么看待遗憾？

俞敏洪：我应该是没有什么遗憾，因为过的每一天都是美好的、有激情的，非要说的话，可能就是大学的时候没有谈一场轰轰烈烈的恋爱。其实，遗憾这个东西是时刻存在的，只要你的生命还有追求、有向往，它就不会完美，就会存在遗憾，但是我不会把它称为遗憾，我会珍惜它，然后，把它变成美的东西，也许变成一个机会，也许变成一个灵感。

放弃意味着重生

如果我当年落榜、留学失败、被北大处罚后都选择安静地过日子，现在我可能就是个农民，也可能是个外语系副教授，我可能和很多人一样过着单位、社会为自己设计的被动生活。还好，经历了北大的处分风波，现实的情况也坚定了我离开的决心，放弃意味着重生，换来的也许是更多的回报。

当时做出离开北大的这个决定对我来说是一次激烈的心理较量。不想让自己在北大的一生都背负这个沉重的思想包袱，每一步都要经受别人的非难和妒忌，还要承受外界的压力。能够放弃做北大教师的虚名，不再患得患失，确实让我感到轻松带来的喜悦，内心安宁带来的动力。

也许是冥冥之中自有注定，这个处分来得不早不晚，对我的辞职反倒是一个特别大的助推。如果没有这个处分，虽然我最终也会辞职，但是离开北大的时间不会这么快。

——《俞敏洪口述：在痛苦的世界中尽力而为》

丢掉“铁饭碗”是犯浑？

一个人的成功往往不是从固态中出现，而是来自变化。每个人都有不同的人生阶段，每个人生阶段要做不同的事，身处不同的环境，给自己设置的途径也有所不同。北大教书的7年时间里，“北大教师”这个称号是外人看俞敏洪最神气的地方，家乡的人也称羡不已。看似稳稳当当的7年，实际上却隐藏着巨大的暗流。

在北大教书，助教、讲师、副教授、教授是一个漫长的、必经的过程，然而俞敏洪却没有走这条路。第一，俞敏洪不擅长与人打交道，而要想职位往上升，光靠教学是不行的，还需要与同事、领导搞好关系，像他那样埋头教学是得不到领导赏识的。第二，经济回报上的巨大反差。赴美求学让俞敏洪清晰地认识到现实生活的真实面貌，北大的微薄月薪是根本不够的，想出国就得出校捞外快。他发现在外面教学一个月拿的钱是北大月薪的10倍，有了第一次的甜头，之后自然经不住诱惑。被北大校方记大过的事情发生后，俞敏洪想，自己或许可以单干。至此，离开北大已经成为一个方向，不过，他还需要做一系列的考量。

一方面，处分给俞敏洪带去了压力和不公平的感觉。为什么这么说？当时，国家实行的是住房分配制度和单位内部审核的晋升机制，这意味着在从助教到教授的晋升过程和从集体宿舍、单身宿舍到一室一厅、两室一厅的分房过程中，这个处分都会被拿来说事；同资历教师竞争时，他不能像别人那样可以与学校谈条件；对之后的教学来说，这个处分的影响可能也是挥之不去的。

另一个方面就是在北大教学挣的工资实在太少，当然俞敏洪外出代课并不是贪财，而是有更远大的目标——出国留学。现在被北大处分，如果再出去代课，就等于无视校方的警告；如果辞职之后再出去代课，等于既维护了北大尊严，自己也能落着实惠。俞敏洪不能算是一个冒险的人，但是核计着出去能一个月拿2000元，留下只能赚200元，这个差距的诱惑还是相当大的。唯一的遗憾就是自己那10平方米的单身宿舍，如果一辞职，就好像没地方安身了。

俞敏洪的母亲对此很不理解，一个农村孩子好不容易进了北大，又能在全国的最好的最高学府教学，这样一步一步往上走，前景一片大好，为什么要轻易丢掉“铁饭碗”呢？用俞敏洪自己的话说：“是对成功和志向的渴望最后说服了自己。”尽管俞敏洪离开北大时感觉到前途似乎暗无天日，但是他骨子里不服输的劲头、坦诚质朴的心以及永不放弃的信念促使他走了下去。

登山者的生死两难

阿伦·罗斯顿毕业于美国卡内基—梅隆大学，他酷爱登山探险，视其为自己的第二生命。毕业后，阿伦来到英特尔公司上班，每个月拿着令人称羡的薪水。2002年，他向公司申请3周的假期去攀登北美第一高峰——位于美国阿拉斯加州的麦金利山，可是被拒绝了。阿伦一怒之下离开了英特尔，去一家登山车商店工作，这样他就可以有更多登山探险的机会。

阿伦的这一举动被身边的人称作“发疯”。那么好的工作不做，偏偏跑去登山，登山能当饭吃吗？针对这个问题，英国登山专家乔治·马洛里早在20世纪就做出了回答。当时一妇人问：“你为什么要登山？”他说：“因为山在那里！”简短而又令人深思的答案。

阿伦凭借自己的热情和毅力，一年时间里，征服科罗拉多州内的58座高峰。

2003年5月，阿伦在邻近犹他州凯纽兰国家公园的蓝约翰峡谷探险。出发前并没有多带登山探险装备——带了一辆山地自行车、一个急救包、一根登山索、一把袖珍小刀和一天的干粮——没有带手机。当攀过一道狭缝时，一块巨石挡住了去路，阿伦尝试用手去推开它，不料巨石晃了一下，将他的右臂夹在石壁和巨石之间。忍着剧痛，阿伦用左手使劲去推巨石，无数次的努力，巨石依然纹丝不动。他意识到，现在能做的就是保存体力等待救援。然而，他所在的位置十分偏僻，一等就是5天，别说人，就是鸟儿都不曾出现过。干粮吃完了，水也喝光了，心灰意冷的阿伦意识到再不想出办法，自己可能就会被饿死，而当下能救他的人还是自己。一个大胆的想法涌上心头——断臂。阿伦拿出小刀，开始在右臂前肘处一下一下地割起来，鲜血大量地涌出染红了巨石。最后，阿伦的右前臂被切断，几近昏厥的他从身旁的急救箱中取出药品做了一系列的紧急处理。接着，阿伦又艰难地爬下山。庆幸的是，他遇到另外两名登山者，在他们的帮助下，阿伦顺利来到附近的医院。

2004年，阿伦·罗斯顿出版回忆录《生死两难》，其中详尽讲述了这段惊心动魄的经历。2010年，他的这段经历又被拍成电影《127小时》，在北美各大影院上映。

放弃，需要极大的勇气，也更加需要远大的志向。如果俞敏洪没有对未来的渴望、对培训事业的期盼，他就不会放弃“北大教师”的铁饭碗，他可能就要在北大当一辈子的教书匠，今天我们就看不到新东方。如果阿伦·罗斯顿没有对登山探险运动的渴望，他就不会放弃在英特尔的工作；如果他没有攀登世界高峰的志向，在被夹住右臂时就不会忍痛切断它，而是在狭缝里多待几日，其结果就很难判断，可能被救，更可能饿死。

鲁迅弃医从文，孙中山弃医从军，比尔·盖茨放弃哈佛的学位而去研究计算机系统……但凡有成就的人，当他发现自己从事的跟自己的志向不相符时，都有足够的勇气和智慧去放弃。放弃不是失去，而是重新开始，是向更加辉煌的未来前进，是俞敏洪所说的“重生”。现实生活中有太多的人浑浑噩噩，表面上过着朝九晚五、三点一线的稳定生活，实际上却是缺乏灵魂的虚度，问他们理想是什么、目标是什么，他们反而答不上来。此时，你需要的可能就是一次放弃：放弃，虽然安逸却没有前景的工作；放弃，虽然甜蜜却没有结果的爱情；放弃，虽然喜欢却没有天赋的偏好。

不过，放弃并不是盲目的，你不能说上大学没用我就不上了，当别人问你不上大学干什么时，你又答不上来。放弃的前提是你应该对自己的志向有深刻的认识，知道放弃后做什么、怎么做。

梅花放弃春暖开放的花期，才有了傲立寒冬的一枝独秀；松树放弃形态各异的模样，才换来千针的四季常青；长江黄河放弃了潺潺流水的悠闲惬意，才留下曲折万里的不朽奇迹……大自然处处向人类透露着敢于放弃的智慧，讲述着安适平稳不一定美好的道理。

俞式沙龙

王利芬：当初放弃北大教师这样的铁饭碗，您的母亲甚至拿生命做威胁，您是否动摇过，后悔过？

俞敏洪：当时母亲说，你敢从北大出来我就自杀。我当然知道即使真的离开了，老太太也不会自杀的。她只是不理解，一个农村孩子好不容易进了北大，能在全国最好的地方教书，一条前途光明的路突然说不走了，她暂时接受不了。

但是，我并不会后悔。我始终相信一句话：面对一件事情或者一种生活状态时，我们可以做出不同的选择；不同的选择使我们的生命走向不同的方向，从此产生不同的命运和结局。离开北大对我来说就是正确的选择。

男人、女人、卖大饼的

任何人只要进入这个世界就要参与竞争。鲁迅说过，有些人希望这个世界上只剩下三个人，就是自己、一个女人、一个卖大饼的，这样他就可以永远跟那个女人在一起，并且有卖大饼的帮他做饭吃。但这样的好事在世界上是不存在的。这个世界上有60多亿人，中国有14亿，只要你出生，就势必参与到14亿人的竞争中。任何人想得到好东西都要追求，你想要得到的成功必定也是别人想得到的成功。财富、地位、名声、别人对你的尊敬、对你的喜欢、对你的爱……你想要得到的所有这些东西，别人同样想得到。你怎样才能得到比别人更多的东西，或者怎样才能比别人生活得更加幸福和完美呢？你得到这些东西的唯一办法就是提高自己的竞争实力。

——俞敏洪《生命如一泓清水》

人类生于追赶

想起当初学滑雪的经历，俞敏洪还是觉得有点不可思议。当时，他以为自己已经过了40岁，再去学习滑雪会是一件无比艰难的事情。女儿想学滑雪，可没有人去陪她学，俞敏洪只得硬着头皮和女儿一起学。小孩子的学习能力比大人强，身体也灵活，所以学起来比较快。俞敏洪担心女儿出什么意外，女儿在前面滑，自己就在后面赶，为了保护女儿他已然忘记害怕。在追赶女儿的过程中，俞敏洪的滑雪技术不知不觉长进着，最后俨然成了半个滑雪行家。今天再去想这件事，俞敏洪觉得如果不是当初追赶女儿，而是自己一点一点慢慢去学，一定会又怕摔跤又怕扭腰，可能到现在还学不会滑雪。

俞敏洪是在追赶中学会滑雪，我们又何尝不是在追赶中进步呢？

运动员为什么要拼命地往终点跑？因为大家在追赶，你追赶别人，别人追赶你——假如运动员一个人在赛道上跑，他就可能是慢悠悠的。这就是竞争。学生为什么要那么拼命地读书？因为大家在追赶，你追赶别人，别人追赶你——假如明天国家规定所有的学生都可以无条件进入重点中学、重点大学，你还会那么努力地读书、学习吗？这就是竞争。

不管你愿不愿意，我们的生命已经离不开追赶，即使是自然界，追赶也是无处不在。植物、动物都在进行你死我活的角逐，为一个猎物追赶，为一片阳光雨露追赶。生命起源于追赶，假如停止了追赶，生命也就不再进化。很难想象猎豹不去追赶羚羊，羚羊也不再奔跑；其结果要么是羚羊被猎豹啃噬，要么是猎豹待在原地饿死。

竞争就代表着追赶，而我们应该感谢那些追赶我们的人，是他们“逼迫”着我们进步，正是他们才让我们加快前进的脚步，穿越了一个个我们不曾设想过的地平线。

站在不可替代的位置

俞敏洪在一次员工大会上讲过这样一个事例：

在长春一汽的解放牌汽车生产线上有一个普通的工人，他每天的工作就只是拧拧螺丝钉而已。后来，一汽引进德国生产线，开始生产大众汽车，车间也随之进入电子化，预示着原本的那些老员工即将面临解聘、下岗或者转岗。这个工人不是忙着忧心忡忡，而是开始钻研德国生产线。在当时，一旦生产线出现问题，公司就要把德国专家请过来，每次花销就要20万美元。只有初中水平的他不断研究、不断学习，自己想办法把德文说明书翻译成中文，就这样日日夜夜泡在生产线上，他终于变成了电子化生产线的专家。到最后，他的维修能力已经到了只要用耳朵去听就知道问题出现在哪儿的地步。一年以后，德国大众公司疑惑怎么中国公司不再聘请其员工去维修设备，原来，这个工人已经承担了大众生产线上几乎所有的维修工作。几十年以来，他当过全国劳动模范，被国家领导人接见过，获得了“五一劳动奖章”。当然，这个人现在还在一汽大众公司，虽然他只是个初中生，拿的薪水却跟一汽老总一样多，正是因为他每年能为公司节省几百万美元。

如果你想在某个领域取得成功，在激烈的竞争浪潮中胜出，你就要拥有在这个领域不可替代的地位。竞争归根到底就是争夺资源和利用资源的过程，有些资源是先天的，比如你的长相身高、出身家世，而更多的资源是通过后天努力就能获取的。不管你拥有的资源是什么样的，只要你在某个领域做得比别人好，你就有了竞争优势。而这个领域不一定是学术领域，不一定是科学领域，不一定要得诺贝尔奖。我们做事情的最高境界就是让别人离不开你，假如你的离开对周围的人，对所有的机构和企业都无足轻重的话，说明你已经变得微不足道。

＞50%的冒险

什么是冒险？冒险并不是随随便便进入危险的境地，自惹麻烦，自讨苦吃。冒险的前提是我有一个目标，并且可以不畏千难万险去实现该目标。敢于冒险的人绝不是头脑简单的鲁莽之人，而是能掌控大局、懂得深思熟虑、敢承担后果的人。

想要在竞争中取得胜利需要冒险精神。敢于向未知领域的探索是冒险，所以，才有旗帜在珠峰飘扬的场景；敢于突破知识和认知的范围是冒险，所以，才有一个个真理公诸于世，一项项发明流传至今；对新生活的不断尝试是冒险，所以，才有崭新的行业、另类的公司、热情的创业青年不断涌现。

正如俞敏洪所说：一个人是不是具有冒险精神，关键就看他有没有一个崇高的目标。一个有大志向的人必定不是甘于平庸、浑浑噩噩度日的人，必定是充满创造力、喜欢刺激和挑战的人。人，需要外界不断的刺激来使自己更有活力。聪明的人会主动去寻找这些刺激和挑战，而后，丰富自己的生活，升华自己的灵魂。这就是冒险精神，竞争中不可或缺的精神。

第二、三名也是极好的

有些人可能觉得赢得竞争就是获得第一名，不管是成绩第一名，还是某项比赛的冠军，抑或是某个领域的NO.1，其实不然，我们能做到的是尽可能使自己变得优秀。况且，第一名或者冠军存在一定的偶然性，你努力，别人可能更努力；如果你拼了命就是想要拿第一，拿不到第一你就活不下去，那你就是走极端了；久而久之，良性竞争会变成恶性竞争，这样的例子现实生活中比比皆是。

俞敏洪拿自己做过这样的比较："今天，已经有很多人登上了珠穆朗玛峰，但是我不会去攀登它，这并不是说我不敢、办不到，而是因为我曾经患过肺结核，自己的身体素质自己还是清楚得很，所以我不会给自己定这样的目标。这个世界不会因为我去登上珠穆朗玛峰就增加了一个勇敢者，却很可能因此少了一个优秀的英语教师。我认为我现在更应该做的是向全世界优秀的教育家和企业家学习，然后全心全意把新东方办得越来越好。"

由此可见，准确的目标、切合实际的志向很重要。我们没有必要事事都去争第一，第二名、第三名、第四名也是可以的，只要你努力，总有可能达到这样的目标。纵观人类社会的发展史，那些伟大的人很难排出名次。孔子和亚里士多德谁第一？毛泽东和列宁谁第一？邓小平和里根谁第一？可能他们太过伟大，我们穷其一生未必能做到那样，他们就像是黑暗夜空中闪烁的星星，照亮人们前行的路，而我们能做到的是争取成为群星之一，而不是唯一的一颗。

"二八法则"提醒人们，世界上80%的财富都掌握在20%的人手中。其实，还有这样一个理论，世界上杰出的人才仅有5%，剩余的95%都处于浑噩、自暴自弃的状态。日常的人际交往中，你可能需要和稀泥，当大家都在装糊涂的时候你不装糊涂就会被当作异类，这是没有办法的事。但是，这种装糊涂只能是表面的，你的内心不能装糊涂，你必须知道自己奋斗的方向在哪。

俞式沙龙

当别人努力学习的时候，你不努力学习；别人努力工作的时候，你不努力工作，那你就是名副其实地在毁掉自己。你要做的是当别人努力学习的时候，你要更加努力学习，当别人不努力学习的时候，你一个人也要努力学习。这个世界上最难做到的就是“众人皆醉我独醒”。

——俞敏洪

做一根好“线”

新东方的成功，光靠我一个人是不行的，新东方的成功来自一批人的个人魅力，我唯一做到的就是：把这批人笼络在一起变成一个团队——新东方的团队。

典型的是，每个人的个性不一样，我有一个比喻，新东方每个人都是一颗珍珠，我愿意做把珍珠穿起来的线，非常耐磨，有自我修复功能，这条线在这些珠子中不值钱，但是能把大家穿起来，变成美丽的项链。

新东方每个人都是一颗珍珠，但是在穿成项链以后，价值会倍增。现在我愿意变成这么一根线，实际上我也正在做这个工作。线必须坚固耐磨，不管被什么磨都不能断，也就是说我的忍耐力、承受力和宽容度必须是极大的，只要这根线不断，新东方珍珠项链还会更长。所以，我觉得我只要做好这根线就行了。

——《俞敏洪谈管理者能力》

俞敏洪自己说过：“论学问，王强出自书香门第，家里藏书超过5万册；论思想，包凡一擅长讲笑话；论特长，徐小平梦想用他沙哑的嗓音做校园民谣，他们都比我厉害。但我将他们三个的优点吸取过来，这就发生了一个很奇怪的现象，那就是我是他们三个的领导。”

中国自古有“文人相轻”的现象，知识分子越牛，他们之间就越难以相容。新东方是众多充满理想主义和浪漫激情的才子才女汇聚而成的团体，如何将他们在合适的距离和环境中串联起来，俞敏洪这根线至关重要。

从“三驾马车”到“万马奔腾”

1993年，俞敏洪远赴北美去拜访那里的同学。首站加拿大，那里有他想拉拢的第一个人——徐小平。

当时，徐小平在加拿大生活得并不是很好，甚至连份正经工作都没有，因为他想做的始终是唱片事业。两人见面后，俞敏洪向徐小平讲了近几年国内的巨大变化，讲得最多的还是新东方。在俞敏洪看来，像徐小平这样的人才不回国发展实在是太可惜了，但是他回来又不能在新东方当英语老师，毕竟他不是学英语的。俞敏洪听罢徐小平创作的歌，决定自己出资给他开唱片公司，就是这一举动感动了徐小平。俞敏洪回国不到一星期，徐小平也紧接着回来了。

但是徐小平回来后从事什么工作呢？徐小平发现移民是一个大浪潮，而新东方还没有移民这项业务。但是俞敏洪觉得光做移民的业务与自己的价值观不太符合，还需要做点附加的事好让它与新东方的业务范畴能够联系起来。两人商议一番，确定了两个项目：一个是免费对学生进行签证咨询，另一个是尝试徐小平授课模式。徐小平在签证方面的创新研究能力很强，设计了一整套的美国签证咨询流程和培训流程，这就代表新东方多了一个签证的核心竞争力。而徐小平的授课模式更有意思，不同于平常的“传道授业解惑”，他更多的是讲国外的生活怎么样，然后唱自己创作的歌曲，这样生动活泼、别开生面的方式很受学生们的喜欢。

回国后的徐小平担任新东方副校长之职，成立新东方出国留学、移民咨询处，创立新东方咨询思想和留学理论，并推行自己的“人生设计”理念，被当时的年轻人称为“人生设计师”。

跟徐小平相比，王强就比较难拉拢了：一方面他在美国生活得不错，有好的工作单位，有稳定的家庭“小日子”；另一方面，他大学就一直比俞敏洪强，现在如果他回去，是他当领导还是俞敏洪当领导呢？所以，俞敏洪去拜访他的时候也没多想，纯粹是老朋友见面而已。

但是，出现了两个转机。第一个转机发生在二人去普林斯顿大学参观的时候。走在大学校园里，东方人的面孔是很少见的，不过迎面遇到的几个中国留学生都能叫出俞敏洪的名字，这让王强很是吃惊。一个在北大那样默默无闻的人，为何现在可以在美国、在普林斯顿大学如此露脸？王强半认真半开玩笑地说："老俞，你现在是个人物了。"他不知道，从中国来到美国留学的留学生里，许多都在新东方学过托福。

第二个转机发生在一家中国饭店。某天晚上，王强请俞敏洪去一家湖南菜馆吃饭，一起去的还有他的老婆。点菜的时候，服务员走过来说："俞老师，你好。"这下子王强就觉得太有面子了，笑道："你指的是外面的鱼，还是鱼缸里的鱼，是哪个鱼？"虽然只是一个小插曲，但是给王强带来的印象极深。

即便有这两件事的刺激，王强也并没有马上回国，而是到了1996年10月。不过这期间，俞敏洪还是经常跟他通话，描述新东方壮观的大课堂，听得王强心驰神往。俞敏洪后来就把口语班交给他，而王强也提出了"美语思维"的理念，提出以"美语思维"训练学员，让学员先去了解美国人的语言思维。教学的教材都是王强自己编写的。

徐小平、王强和俞敏洪就是新东方的"三驾马车"。到了1996年底，包凡一听说徐小平和王强都回国了，自己也跟着回去了。于是，新东方的"四驾马车"成形。之后的几年中，胡敏、钱永强、杜子华、周成刚等人也相继加入，新东方变成"万马奔腾"。

1+1=∞（无穷大）

在2013年《开讲啦》节目中，大学生提问该不该和朋友一起创业时，俞敏洪答道："创业最大的纷争来源还是利益纷争，其实最好一开始就把结构利益全部理清楚。一些大学生创业时就是大家先干了再说，干出了一锅饭以后，这锅饭怎么分就不知道了。其实应该先说好了，这锅饭怎么分，我们再把这锅饭给煮熟了。"

一个团队聚起来比较困难，它可能需要共同的目标、志向、理想，它可能需要大家的价值观一致；但是要散起来就非常容易，而大多数团体散架的原因就是利益分配。

当初，徐小平、王强等同学回来的时候就问俞敏洪利益怎么分配，俞敏

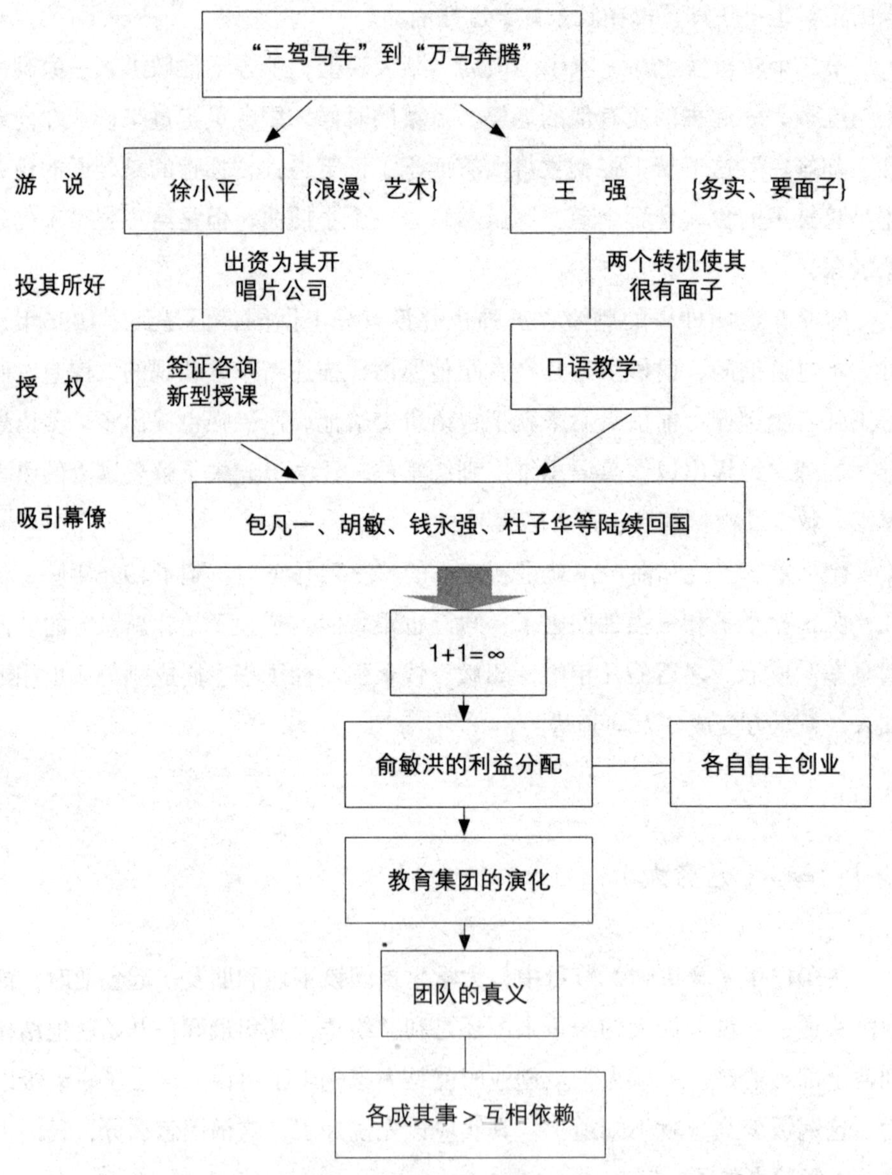

⊙ 珍珠之所以美丽，是因为成串，如果线断了，它还美吗？

洪说："没有利益分配，我不会让你们来上课然后给你们开工资的，因为我觉得这不符合跟朋友打交道的原则。我不希望你们变成我的部下，当然你们也不愿意做我的部下。你们以新东方为依托，各自去创办新的项目，但出国考试这个项目你们是不能涉及的。"

俞敏洪的想法是很切合实际的。俗话说"僧多粥少"，如果大家都盯着老项目，分割一番，每个人就根本不够吃，并且每个人的优势也显露不出来。所以，最后徐小平专做移民咨询领域，王强专做口语领域，大家在新东方自主创业、自负盈亏。结果就是新东方逐渐从单一的英语培训变成综合的教育集团，直至在美国上市。俞敏洪的领导艺术起到了至关重要的作用，这也是真正团结的意义。

日本漫画《海贼王》里曾经这样讲解过"团队"的意思：每个人有不同的能力和优缺点，大家各自做好各自的部分，你做不好我就打你。简单粗暴地说出了团结的真谛，这跟俞敏洪的观念不谋而合。我们常常认为团结就是大家抱在一起，有福共享、有难同当，以为这样就能"力量大"。但是，久而久之，它就会滋生依赖性。好比计划经济时期的大锅饭，短时间内能够脱贫致富，但是时间一长，问题就会出现。这并非真正意义上的团结。

团队的意义不在于人数的多少，还拿《海贼王》来说，草帽海贼团只有区区九个人却能在强者如林的海域生存，最重要的原因是他们有共同的奋斗目标——完成伟大航路的旅行。一个团体，只有在共同的奋斗目标下才能互相协作，如果大家心不齐，你想东，他想西，即使各自能力再强，最终不过是一群乌合之众罢了。

新东方是一个个优秀的老师汇集而成的团体，俞敏洪实现了"1+1=∞"，既不是"1+1<2"也不是"1+1≥2"，这正是他成功的地方。

"人生的道路很不平坦，靠你一个人绝对是走不完的，只有你跟别人一起为了同一个目标才能把这件事情做成。一个人的力量很有限，但是一群人的力量是无限的。当五个手指伸出来的时候，它是五个指头；但是当你把五个手指握起来的时候，它是一个拳头。未来除了是你自己成功，一定要跟别人一起成功，跟别人团结在一起形成我们，你才能把事情做成功。"俞敏洪如是说。

俞式沙龙

马云：作为领导，最大、最困难的问题就是团结员工。新东方有这么多的牛人，你是如何把他们整合在一起的？

俞敏洪：新东方的这些牛人就像是价值连城的瓷器，我就是这些瓷器的保管员。如果这些瓷器摔坏了，也就不值一文了，那我就是不合格的保管员。我觉得领导者最重要的是胸怀和气度，这是做好连接线的关键。

生命是朵四季花

我们的生命和四季的花儿一样，在不同的阶段有着不同阶段的美丽：童年的纯真，少年的遐想，青年的冲动，中年的成熟，老年的智慧，都是人生不同阶段的美丽。假如我们一出生就像老年人一样洞察世事、老于世故，这一辈子就没了期待；如果反过来我们一辈子都像毛头小子一样懵懂世事、青涩简单，这一辈子也就没有了进步和精彩。人生之所以可贵，就在于我们在不同的阶段总会有不同的成长和领悟。我最怕的就是一辈子没有变化或者所有的精彩一次释放完毕。没有变化，意味着停滞不前，也意味着蒙昧无知；所有的精彩一次释放完毕，意味着生命就像夜空中的礼花，尽管精彩得炫目但一瞬间就归于黑暗。

——俞敏洪《从容一生》

俞敏洪认为人生可以用6个字来概括：经历、体验、升华。你一辈子怎么活下去？你可以很懒散地一辈子什么都不做地活下去，你也可以做出惊天动地的事业来；你可以待在一个城市里活下去，你也可以一辈子走遍全世界。这一切都取决于你自己的这颗心。

人是随着心动的，你心想走到哪里，你人就可以走到哪里。对于每个人来说，最重要的是去经历，如果你发现身边的人过着比你更加丰富的生活，比如徐霞客，他可以走遍心中想去的地方，而你自己却只能在一个地方很无聊地过下去。此时，你应该问问自己：为什么他能这样，我不能？这就是心的力量，志向的力量。

生命在不同的季节绽放

自然界有春夏秋冬，有寒来暑往，不同的季节有它独特的风景，不同的风景为人类带来各异的心境。有人喜欢春天，因它勃勃生机，因它万花齐开；有人喜欢夏日，因它炙热炎炎，因它万物繁茂；有人喜欢肃秋，因它寂寥高远，因它叶叶凋零；有人喜欢严冬，因它银装素裹，因它沉静凛冽。春夏秋冬之所以美丽，正是这四种不同的风格，不同的动植物，不同的山水星辰，不同的个性，而最能代表的莫过于不同花期的花儿，几乎每个季节都有它的“花魁”——春之桃、夏之荷、秋之菊、冬之梅，争相斗艳的春花热闹繁杂，亭亭玉立的出水芙蓉弥漫着沁人清香，漫天遍野的野生雏菊呈现着傲然姿态，凌寒独开的数枝蜡梅浮动着幽幽暗香。倘若这些花儿集中在某个季节开放，你还会觉得它们美吗？过了这个季节，下一季，你又看些什么呢？

我们的生命又何尝不是这样！不同的人生阶段有不同的美，纯真的童年、遐想的少年、冲动的青年、稳重的中年、智慧的老年，每一个时期都是生命中不可缺席的、不可错过的。试想，如果我们一出生就像老年人一样洞察世事、谙于世故，那这一辈子就没有什么期许；反过来，如果我们一辈子都像冲动的、稚气的毛头小子，虽然看上去积极性很高、很有活力，但是这一辈子也缺了精彩、少了进步。人生匆匆百年，难能可贵的是不同阶段有不同的领悟，每个阶段都是生命长河里瑰丽的一截。最可怕的是，一辈子没有变化或者所有的精彩、灿烂一次释放完，没有变化意味着停滞不前，意味着蒙昧无知；后者则代表生命像夜空中的烟花，绚烂无比却短暂得令人遗憾，好比我们周围那些年少成名的明星，流星一般闪耀登场，却又瞬间黯淡消失。

生命除了经历，还要充分体验。我们常常看到一些人急于求成，看到他人成功就很着急，于是寻找各种终南捷径，乃至做出出格、下作、人所不齿的行为，比如通过曝光他人隐私求出名，制造丑闻博眼球，等等。还有，大学生刚进入大学就忙着设想如何创业，怎样挖得第一桶金，反而把读书积累一辈子的底蕴这样重要的事情抛诸脑后，这类人已经闯入误区，认为一时的成功就是一世的成功。殊不知，人生这朵花儿也有它特定的花期，也许盛开在春天，你能很早地嗅到芬芳馥郁，而更多的时候选择在夏天、秋天或者冬天绽放，等待的过程中我们不应该着急，因为等待本身就是一种体验，一种积淀，一种瑰丽。

肯德基的创始人山德士大叔62岁时，肯德基才有了第一家餐厅，后来它发展成全球最大的餐饮连锁店；姜太公80岁依然拿着没有钩的鱼竿在渭水垂钓，最后钓到了周文王这条“大鱼”；齐白石到90岁后达到了艺术创作的顶峰。俞敏洪说过这样一个英文谚语——“Every dog has its day.”（每条狗都有它自己得意的日子。）更何况我们人呢？过一种从容的人生，从容的体验，从容的等待，从容的成长，在努力进取中期待生命之花怒放的时刻。

生死轮回是一种凄婉与壮美

一次在加拿大度假的时候，俞敏洪听到了三文鱼洄游的故事，这是一个凄美、令人感动的故事。据说，每4年的10月份，在加拿大佛雷瑟河上游亚当斯河段，有成千上万条三文鱼从太平洋逆流而上，在这里繁殖后代。

三文鱼的生命从鱼卵开始，直到终结都是精彩的。每一条雌鱼大概产下4000枚鱼卵，这些卵虽然被藏在石头缝里，但还是会被水里的其他鱼吃掉一部分。幸存下来的鱼卵熬过冬天，慢慢发育成幼鱼，这些幼鱼顺流而下进入淡水湖，在湖里生活一年的时间。在这一年里，有的被人类捕捞，有的被其他大鱼吃掉，有的被陆地动物吃掉，仅有四分之一的幼鱼存活下来，游向大海。此后的3年，它们的经历更加艰难，因为大海本身就充满各种危险。等待它们的是更加凶猛的鱼类、鹰类以及大型的捕鱼船。历经4年的无数艰险，当初游出去的10条鱼中只有1条能够成为重3千克左右的成熟三文鱼。此时，一种内在的召唤促使它们开始返家的旅程。10月初，大量的三文鱼在佛雷瑟河口集结，浩浩荡荡地游向它们的出生地，这一刻才是它们生命中最辉煌、最悲壮的。由于河口水流很急，三文鱼不能停下来进食，只有24小时不停地逆游，一旦停下来就会被水冲走。这个过程会消耗掉自身几乎所有的能量，所以，三文鱼的身体变得通红。为了闯过一个个急流和险滩，它们要一次次跃出水面，当地聪明的狗熊就站在河口，张开嘴巴等待鱼儿送上门来。到达产卵地后，它们顾不上片刻休息，开始成双成对地授精产卵。周围还有鹰隼、郊狼、熊的捕食。授精产卵结束，雌雄三文鱼双双死去，河面上漂起大量尸体。这就是三文鱼生命的循环。

是内心的召唤，让三文鱼不畏艰险游向大海；是内心的召唤，让三文鱼不畏艰险再回到出生地。可能有人觉得这是它们遗传和基因决定的，它们本身并不具有这样的自觉，但是，它们依然能给我们带来震撼和思索。

三文鱼的故事，俞敏洪多次在演讲中都提到过。他讲道，我们身边的很多人其实并不如三文鱼，他们一辈子只生活在一个地方，生活在一种习惯中间，生活在一种思想的禁锢之下，而没有任何创新，没有任何创意，没有任何激发自己生命的那种动感和令自己感动的生活状态。这种生命完全就是一摊死水，一个人缺少了志向，缺少了使命，缺少了追求，缺少了渴望，他就会像行尸走肉一般碌碌无为。

爬上爬下的推石老头

西西弗斯因为得罪众神，被宙斯惩罚去把巨石推上山顶，因为巨石实在太重，每每要接近山顶时，巨石又滚下山。他只得再去推石上山，每天就重复着如此的过程。宙斯认为，没有什么比让一个人进行无效无望的劳动更为严厉的惩罚。西西弗斯的生命就这么消耗殆尽。

这个希腊神话也经常被俞敏洪拿来当例子。西西弗斯的生命与现实生活中的人们极为相似，都是日复一日地从事重复的事情，起床、洗脸、刷牙、上班，下班、洗脸、刷牙、睡觉，像不像西西弗斯推巨石，一样的枯燥无聊呢？

俞敏洪提倡人的生命需要升华，三文鱼为了下一代牺牲自己，这就是升华。我们在做任何一件平凡的事情时，都可以升华自己。比如，你参加工作

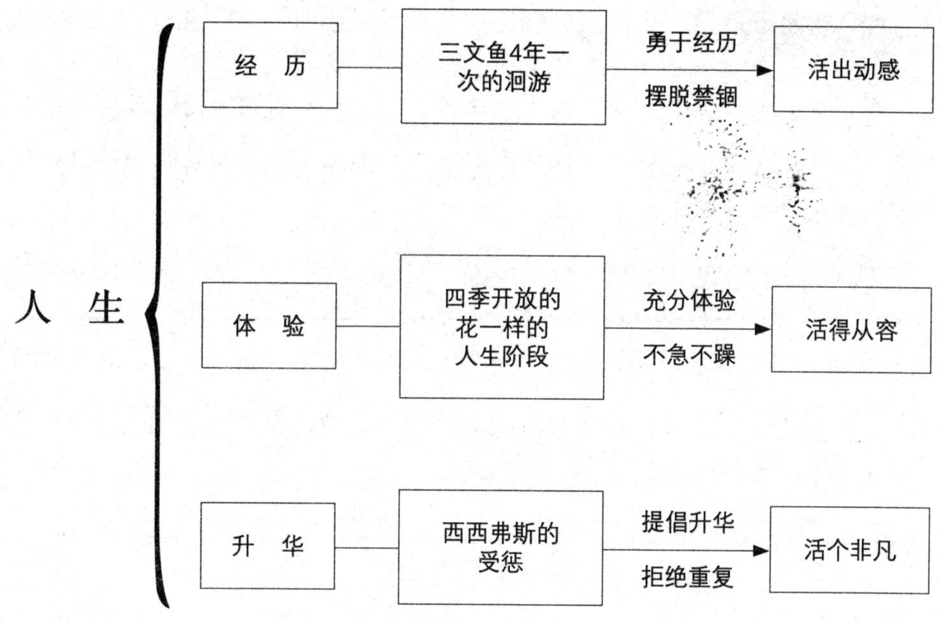

⊙ 经历、体验、升华，就如吃、吃好、美食家。

如果只是每月拿点工资，那它就只是一份工作；如果你把这份工作当成是自己实现理想的台阶，那它就可以让你变得更加成熟，它也能成为你未来事业的基础，工作就成了升华你生命的过程。

放到西西弗斯身上，如果他不是把推石头当成一种惩罚，或许他就不会那么难受；如果他一边推石头，一边欣赏两侧的风景，去感受春夏秋冬的变换，那么当他到达山顶看到更蓝、更阔的天空时，他的生命就得到了升华。而宙斯可能会被气晕过去。

我们需要经历，从懒散、无聊、平庸中脱离出来，把志向放进行囊；我们需要体验，从胆怯、狭隘、固执中脱离出来，把志向握在手心；我们需要升华，从苍白、迷惘、失落中脱离出来，把志向拥入胸怀。我们不能保证自己的未来多么炫目亮丽，但是我们可以让自己走过的路精彩万分。

俞式沙龙

徐小莉：俞老师，您讲的两个小故事，三文鱼和西西弗斯，三文鱼给我们的启示是应该多经历，也就是跳槽，而西西弗斯则是要踏踏实实地做一件事。它们会不会矛盾呢？

俞敏洪：首先，三文鱼代表的不是跳槽，而是代表生命要走完一个过程，一个不断成长的过程。对于跳槽，我比较反对那些盲目的跳槽，人不应该单单为了高工资而跳槽，还应该多思考改变、成长、经历这些要素。西西弗斯的故事是说一件平凡的事，只要你有把它做长久的心态，它就会变得有意义，而不要奔波于各种琐碎。

第3章

第一万零一次爬起

养成

持之以恒的习惯

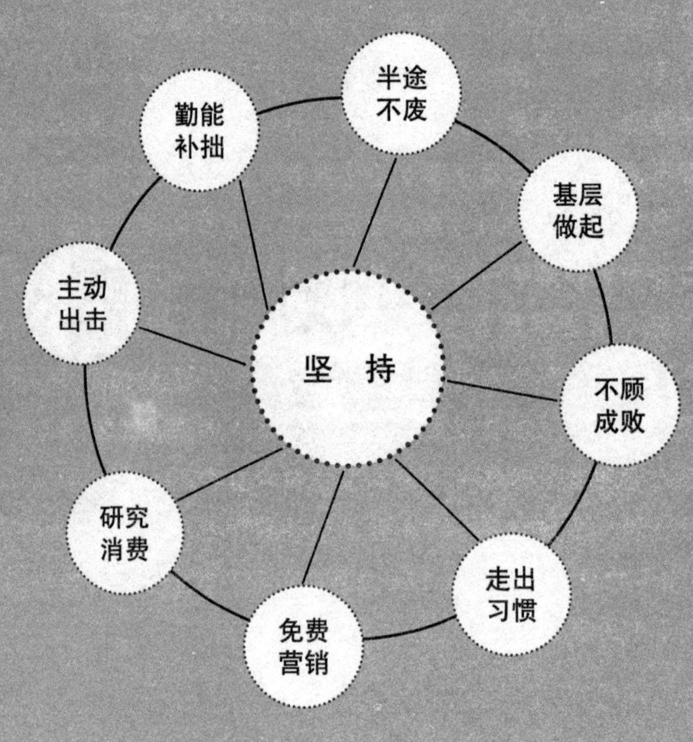
半途
不废
勤能
补拙
基层
做起
主动
出击
坚 持
不顾
成败
研究
消费
走出
习惯
免费
营销

“笨鸟多飞”

中国有个成语叫“笨鸟先飞”，用意是鼓励那些笨一点的人。但人都是十月怀胎来到这个世界的，笨人没有办法提前出来，自然就没有办法先飞起来。到后来开始上学时都是在同一个年龄，也没有太多的办法提前飞起来。最后，等到发现自己比别人笨时，别人已经飞到前面去了，所以想先飞不可能了。那笨鸟能不能飞到目的地呢？答案是能，但需要有一个条件，那就是“笨鸟多飞”。你既然先飞不了，飞得又比别人慢，那就要比别人多飞一点，用更多的时间和努力来弥补自己先天的不足。

——俞敏洪《笨有笨的好处》

一个朋友问俞敏洪：马和骆驼一辈子谁走得更远？俞敏洪认为是马。他的朋友说是骆驼。为什么？因为坚持目标、一路远行正是骆驼的特点，马可能在速度上很快，但是它往往跑一会儿就停下来；而骆驼只要一开始走，你不让它停，它是决不会停的。

这就好比聪明的人和愚笨的人，在人生行进的速度上，前者是后者的几倍，但从最终行进的路程上看，后者可能要比前者长。因为愚笨的人每天都在行进，他们更懂得坚持，而聪明之人行进一段时间后会停下。

到达金字塔尖的两条路

爱因斯坦小时候被公认为笨蛋，直到9岁才学会说话。好在他的妈妈相信他，一直认为自己的儿子是个天才。愚笨的爱因斯坦有着常人没有的毅力，他肯比别人更下功夫。一次手工课上，别的孩子们交上了一个个精美的手工制品，轮到他时，却是个粗糙的小木凳子，其他孩子都笑话他，就连老师也在讽刺他："没有比这个更糟糕的东西了！"让大家惊讶的是，爱因斯坦拿出了另外两个更加粗糙的小凳子，这一点连老师也被吓到，至此大家改变了对他的看法——这不单是一个笨孩子，更是一个勤奋的人。之后的故事，我们都知道，爱因斯坦成为改变人类历史的超级天才。

俞敏洪觉得统治这个世界的并不是天才——毕竟天才是极少数的，而是那些经过艰苦卓绝的努力、实现自己目标、养成坚韧不拔个性的人，这类人就是"地才"。"地才"就是脚踏实地，通过点点滴滴努力而实现目标的人才，他们可能曾经是公众眼里的笨蛋，是被嘲笑的、被嫌弃的对象。

接下来的故事俞敏洪援引多次：雄鹰与蜗牛。

这个世界上能够达到金字塔顶端的动物有两种：一种是雄鹰，它们靠自己的天赋和翅膀飞上去，简单，轻松；另一种是蜗牛，它们是爬上去的，从底部爬到顶端或许要一个月、两个月，甚至一年、两年，但是人们确实在金字塔顶端看到了蜗牛的痕迹。可以想象蜗牛爬金字塔的过程一定不是一帆风顺的，爬上一段又被风沙刮下，掉下、再爬，一次又一次。虽然雄鹰跟蜗牛的天赋各异，到达金字塔顶端的方法和路径迥异，但是我们相信当蜗牛到达那里的时候看到的风景一定与雄鹰相同，收获的成就也是一模一样。

对俞敏洪来说，王强就是雄鹰，他的模仿能力超群，到任何地方，听任何一句话，只要一遍，王强就可以模仿出来，而且分毫不差。北大的4年时间中，王强在广播站当了4年播音员，俞敏洪每次走在校园中，听到王强的声音时，心头都是充满了"仇恨"。而俞敏洪则是蜗牛，什么天赋都没有，但是他一直在爬，所以，他相信总有一天，自己也能到达金字塔顶端。

人笨点没关系，反正从广义上讲聪明人并不多，只要你肯努力，肯下苦功夫，你一样可以做成聪明人做成的事。做一件事不需要努力，就像谈恋爱不需要追求，登山不需要攀爬一样，不会给我们的生命留下任何足以品尝的味道。未来的某一天，当我们回首过去时，能够想到的必然是充满汗水、泪水和艰辛的日子，就连我们自己也会被感动得泪流满面。

“笨蛋”俞敏洪

上小学的时候，俞敏洪是个彻底的笨蛋。语文老师要求背诵的课文，很多同学只要在课余时间读上几遍，就可以到老师那里背诵。背完后，老师会在课文标题上方用笔写一个大大的“背”字，证明这个学生这篇课文背过了。背完的同学就算是完成任务，不会受老师的白眼。轮到俞敏洪时，背书却成了万分艰难的事情，别人几个小时的工夫，他却要花上好几天甚至一个多星期，要读上几十遍、上百遍才能背诵下来。因此，老师的白眼俞敏洪没有少受。不过，渐渐地，好处就显露出来：临到考试，那些背诵快的同学还要再回去重新背诵，而俞敏洪因为是背无数遍才记住的，所以大部分的内容都烂熟于心，不容易忘记。当大家忙着复习的时候，俞敏洪就可以心情愉快地做其他事情。

俞敏洪肯下功夫在新东方是出了名的。因为他的词汇量比其他老师大，所以在大家都不敢去教GRE的时候，俞敏洪敢上台。后来麻烦来了，因为GRE的资料都是从美国寄过来的，很多词汇比较冷僻。有一次，学生拿来一道问题，俞敏洪看着4个选项，4个单词一个都不认识，顿时觉得很丢脸，所以，他又开始猛背单词。他找来一本词典，把所有不认识的单词用黄色荧光笔画出。俞敏洪背单词的方法很简单，在A4纸的一边写满单词，另一边写对应的中文，看着英文背中文，看着中文背英文。记忆的方法也比较独特，单词是随意挑选的，比如抄两个A开头的单词，再搭配两个B和C开头的单词，这样单词的词义就不容易记混淆。另外，他还会把单词分割成若干元素。比如，sprout是发芽的意思，他就把这个单词一分为二，spr是一个，out是一个；out不需要再记，spr加上后缀ing就是spring（春天），整个单词就形象化为springout，春天出来，树发芽了。这个单词，你这样背一遍就可以记一辈子。

正是俞敏洪在记单词方面的努力，才使得他在词汇方面成为一名专家，他编写出版的“红宝书”系列一直是各大图书网站的单词记忆类图书畅销榜的前几名。俞敏洪多次在公众面前强调自己是一个“笨蛋”，之所以能取得今天的成就，一方面是自己从未放弃对生活的追求，另一方面是自己从不敢放弃努力，是坚持让他一直走到今天，也是坚持让他可以走到明天。

中国人常说“勤能补拙”，就是用来鼓励那些天资不怎么聪明的人依靠勤奋努力来弥补能力上的不足。俞敏洪却觉得，笨有笨的好处，当一个人意识到自己笨时，恰巧就是他变聪明的开始；意识到自己笨，他就要努力，是迈向成功的开始；意识到自己笨，就要专心致志、付出超出凡人的努力，这是取得成就的开始；意识到自己笨，不仅需要超常的努力，更需要足够时间的坚持，这就是成为天才的开始。

俞式沙龙

成虎：我曾经是个人尽共知的笨蛋，一度想轻生。后来，听了您的演讲，才发现自己是多么的愚蠢。

俞敏洪：你说你是人尽共知，可是我却不知道你，这说明你还不是“笨蛋”中的“名人”。所以，你不必自卑，身后还有很多垫底的呢。再者，我并不认为笨是不好的事情，我自己就是个不折不扣的笨蛋，高考考三次，出国出不去。

笨有笨的好处，意识到自己笨，正是聪明的开始；意识到自己因为笨所以要努力，是迈向成功的开始；意识到自己因为笨所以要专心超常地努力是取得成就的开始。

半道儿了，继续！

有的时候，我们选择前进，不是因为我们有多么坚强。有这么一句话让我很感动，也变成了我的座右铭："坚持下去不是因为我很坚强，而是因为我别无选择。"

新东方有一个运动，叫作徒步50公里。任何一个新东方新入职的老师和员工都必须徒步50公里，而未来的每一年也都要徒步50公里。很多人从来没走过那么远的路，一般走到10公里就走不动了，尤其是要跋山涉水地走。每次我都会带着新东方员工走，走到一半的时候会有人想退缩，我说不行，你可以不走，但是把辞职报告先递上来。当走到25公里的时候你只有3个选择，第一，继续往前走；第二，往后退；但当你走到一半的时候，你往后退也是25公里，还不如坚持往前走呢；第三，站在原地不动。而一个人在人生旅途中停滞不前，还有什么希望呢？

——2009年俞敏洪在同济大学的演讲

《诗经》中有句名言："靡不有初，鲜克有终。"不管是为人，还是处世，自古至今，都是善始者多、善终者少。坚持，很简单的两个汉字，却不是每个人都能做到。大多数情况下，人们信誓旦旦地开始，轰轰烈烈地走过半程，畏畏缩缩地犹豫，匆匆忙忙地折返。俞敏洪作为年轻人的心灵导师，他有没有坚持不住的时候？答案是：有。

用半条命换来生存

从1992年起，俞敏洪专门雇了几个安徽籍员工贴广告，他借助“东方大学外语培训部”的牌子把英语培训的事业做得如火如荼，每一期的开课人数都是满的。而这让周围的几个培训机构感到巨大的压力，毕竟生源是固定的，去了俞敏洪那里，自己这里就少了许多。并且，这几家培训机构不是文化人办的，而是些下岗职工、个体户，几个人聚在一起，找一个较好的教室，招聘几个老师，就把培训机构开了起来。他们看到自己的“财源”都跑到俞敏洪那里，就觉得该是时候采取措施了。

一开始，大家还是打广告战，你刚贴的广告，他的人就立马盖过你，然后你再贴，他再盖。很快发展到暴力冲突，对方的人比俞敏洪的人狠，拿出刀子把他的人捅了三刀。事情发生后，俞敏洪一方面把员工送去医院急救，一方面去公安局报案。

当时，俞敏洪为了讨回公道，受了一些委屈。有次喝酒后，他抱着周围的人号啕大哭，整整一小时，说的话全是“再也不干了”“怎么说都不再干了”“关了培训学校”……

后来，几家培训机构在警察的协调下达成协议，大家共用一个广告柱，一家一块地方，彼此不许覆盖。若出现暴力事件，警察决不会坐视不管。其实，俞敏洪对广告位的事情并不是很在意，因为他已经发现免费讲座的潜力，他在乎的只是一个合理竞争的环境。

人们常说：“万事开头难。”其实，开头并不很难，只要你有决心，有一个目标，有敢想敢做的勇气，就可以开始；但是，开始不代表成功，你还得走完全程，然后才能到达你的目标，而这个过程不是光靠勇气就行的，你还需要坚持不懈的毅力。

显然，俞敏洪刚开始创业的时候也是困难重重，一方面要面临生源的问题，另一方面还得应对竞争对手、应付各种社会交际，如果他没有咬紧牙关坚持下来，那么，就不会有今天的新东方教育集团。

后来，俞敏洪有这样的感悟：“我们人生有很多迷惘和痛苦，而只要你

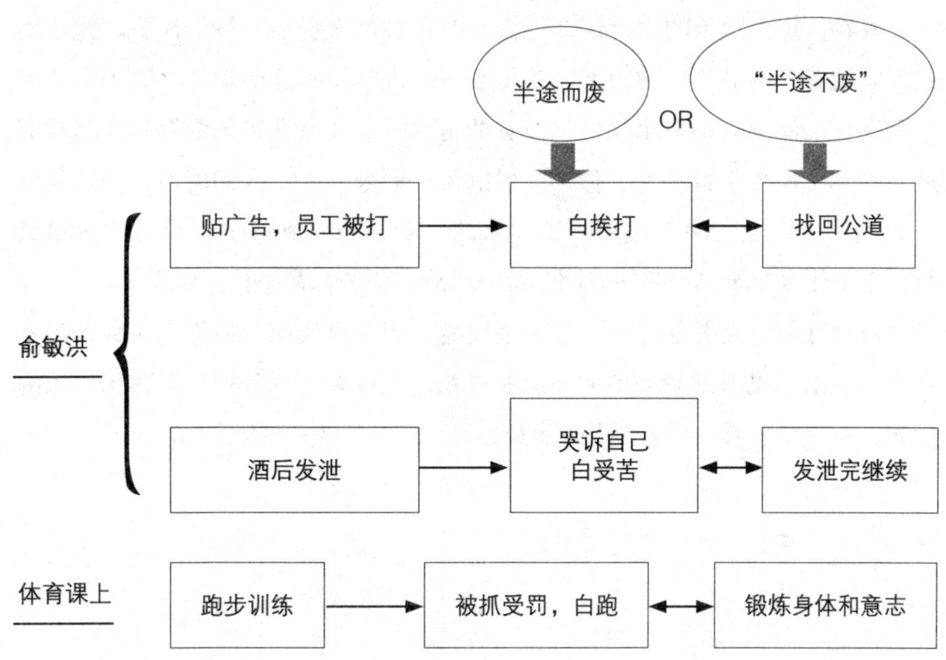

⊙ 什么叫坚持？上了跑步机，不一直跑，它就把你带下去，摔你个生疼。

坚持往前走，痛苦往往会被解决掉。在走的过程中，我也曾经痛苦得号啕大哭，但我知道真的坚持下去不是因为坚强而是因为别无选择。走到最后你会发现总会有成果。我没想到新东方能从培训13个学生到现在的培训175万学生，其实所有这一切你都不一定要去想，只要坚持往前走就行了。”

体育课上的启示

上过体育课的人应该还会记得这样的感觉：老师让你跑800米，你前200米跑得很轻松，到400米的时候感觉很累，有想偷偷跑开的念头，可是老师有言在先，必须跑完全程，不然再罚跑800米。这时你开始郁闷——偷偷跑开吧，被抓住还得再跑800米，跑过的400米也白跑了，可是再接着跑吧，实在受不住。但你别无选择，往往会撑着继续跑下去。

太累，每个跑步的人都这么觉得，但是多数人仍旧坚持下来了。跑步不仅仅是锻炼人的身体，更重要的是培养一个人坚持到底的耐性。除了那些专业运动员，体育老师要求我们跑步真的是为了那几分几秒的数据吗？当我们进入社会、摸爬滚打一番，你会突然醒悟：原来，一个人的耐性、韧劲是从一堂堂体育课上一圈圈跑步积累起来的。老师想看到的决不只是谁跑得最快，创下什么纪录，而是所有同学都完成跑步任务，都坚持跑到终点。

马云有句话说得很好："今天很残酷，明天更残酷，但绝大多数人都死在明天晚上，见不到后天的太阳。所以我们干什么都要坚持！"为了后天的阳光，不要在今天、明天停下脚步！

俞式沙龙

王明夫：中国的媒体都在报导新东方。你如今光芒四射，但是只有我才知道你今天的成功几乎能用两个字来形容，就是"泣血"，它是多么艰难。

俞敏洪：谢谢你能这么理解。从小小培训班一路走来，决不是一帆风顺的。我知道这个阶段最大的挑战还是心理上的自我斗争——我必须不停地告诉自己，我不仅仅是一个教书匠，将来要面对的问题还会更多、更难。我除了新东方，什么都没有；没有新东方，我就什么都不是。

从扫厕所开始

我让你一个大学毕业生去打扫两个卫生间，很明显是对你的考验。你在打扫卫生的时候，我绝对会关注你的一举一动，会看你的神态表现是不是符合我们认为的那种坦然接受一份工作的心态。当你真的把两个卫生间打扫得干干净净，你想，我能让你一辈子打扫卫生间吗？至少，我得给你增加工资，让你打扫4个卫生间。当你把4个卫生间打扫干净以后，我肯定不会让你打扫4个卫生间了，我会考虑，是不是把所有打扫卫生间的后勤人员都给你管理了，你不就很自然变成管理者了吗？对不对？当你把这些打扫卫生间的人员管理得井井有条，整个公司的环境因为你的管理变得赏心悦目，你想我不把你提到后勤主任这个位置上，我提谁？你如果干得非常雷厉风行，干得非常出色的话，我不把你送到哈佛大学去读MBA，我送谁去？当我把你送到哈佛大学MBA学完了，你回来了，你不当新东方的总裁，谁当？

——2008年6月俞敏洪在央视《我们》栏目中谈大学生就业

学生提问“怎样看待期望值”

曾经有一个清华大学的毕业生来新东方应聘，为了表示重视，俞敏洪亲自对他进行了面试。然而，通过简单的交流，俞敏洪了解到他是一个眼高手低的年轻人，嘴上说着什么都会，什么都愿意去做，可是心里想着另一番场景。后来，俞敏洪发表了一个“从扫厕所开始”的论断，谁知它被清华大学的学子们传成“清华大学的学生只配打扫厕所”，让俞敏洪哭笑不得。实际上，俞敏洪想要表达的是：学历的高低并不是最重要的，关键还要看最基本的能力，没有具体操作能力的“高才生”只会“掉书袋”而已。

“合抱之木，生于毫末。”参天的大树从一根树苗发育而成，经历雨露风霜，世间生命不外如此。“九层之台，起于累土。”高耸的大厦由一块块石砖垒砌，越高的建筑花在夯基上的时间就越久。“千里之行，始于足下。”不论多么遥远的路途，都是一步一步迈出去的，不管你搭载的是什么交通工具，都不可能瞬间到达。

中国的先贤们一直言传身教着“从基层做起、从小事做起”的道理。俗话说：“能把小事做好的人才能做好大事。”俞敏洪常常告诉学生们，有梦想有目标是可贵的，但是要从每一件小事做起，基础打好了才能去谈及梦想。

一把刷子起家

俞敏洪刚开始办培训班的时候，招生是最大的困难。让消费者知道自己的产品，需要营销者的宣传。俞敏洪当时唯一能想到的宣传手段就是贴广告。

上午和晚上，他去各大学校里张贴广告——除了北大，下午就在中关村第二小学传达室门外的小桌子前守着，向每一个前来的学生苦心讲解。有时候讲解一天，也没有一个人报名。

为什么招生难？俞敏洪总结了原因：自己招生的位置是中关村二小的传达室门口，只摆着一个小学生用的旗子、桌子，这种招生环境很难让人相信这是一个有实力的培训机构，反而更像是一个皮包公司。当时俞敏洪的好几个竞争对手已经在宽敞的办公楼里招生，教学设施也很完备，而北大的培训班是在古色古香的房子里招生，它们一看就是有实力的。

白天，俞敏洪去清华、人大、北师大几个大学贴宣传广告，而北大只能到晚上去贴，主要是怕被以前的同事和学生见到，生怕他们说：“你看，俞敏洪离开北大就是干不成事。”想着自己现在穷困潦倒的日子，俞敏洪还真有点怀念当初在北大的时光，但是后悔已经来不及了，自己已经无路可退，从离开北大的那一刻，身后就已经是万丈悬崖。

新东方流传着俞敏洪的一个笑话：俞敏洪最喜欢的东西是电线杆。即使到今天这个位置，俞敏洪依然对自己当初张贴广告的场景记忆犹新：穿着军大衣，骑着破自行车，手里拎着装有糨糊的罐子，这个柱子上刷一下、贴一张，那个墙面上刷一下、贴一张，有时寒风凛冽，就从大衣兜里掏出二锅头喝上两口，一是暖暖身子，二是“酒壮㞞人胆”。

用徐小平的话说：“新东方是靠老俞在电线杆上，一张一张贴广告贴出来的。”虽然手拿刷子张贴广告是俞敏洪宣传自己的手段，而且效果还不尽如人意，但是他逐渐找到了门路，一点一点发现培训事业的方向，慢慢地，新东方就成形了。

周星驰从跑龙套开始，逐步成为喜剧大师，变成人所敬仰的“星爷”；马云从翻译员做起，慢慢接触互联网，最后才建立自己的“阿里巴巴帝国”；比尔·盖茨从熟练每一个编程做起，才有一个个程序软件的面试，才有微软的建立，才有“世界首富”的称号……每个创业者的创业之路都不会是一帆风顺的，都要经历一段难熬的日子；每个成功者的事迹必然是从基层做起，并且打好一个个基础。所以，凡是想“一口吃个胖子”的人最终必然是吃成“瘦子”，惨淡收场。

俞敏洪自己也说过：“只有慢慢地一步一步把事情干成，每一步都给自己打下了坚实的基础，每一步都给自己一个良好的交代，再向未来更高处走去的人，才能够把事情真正地做成功。”

人要有志向，但不能空有志向，还应该将它落在实处，不能眼高手低，而要脚踏实地。从基础做起，然后一路坚持，才有可能走向成功；忽视基础，想要一蹴而就，只能是痴人说梦。

俞式沙龙

杨洋：现在的毕业生刚进入社会找工作，都喜欢去大公司、大企业，并且喜欢从事高层管理，您觉得这是一种正常现象吗？

俞敏洪：眼高手低，这是应届毕业生最要不得的。每年我都要面试几百个本科生，大多数都是这样的。你不能说，找个体面的工作是为了在朋友那里撑场面，当你为了别人的标准而活的时候，就非常麻烦了。

凡是想一下子把某件事情做成的人，就算他做好了，他也是没有基础的，就像在沙滩上建造房子，最后还是会倒塌。

生命犹如谈恋爱——成与不成，都得谈

你面对第一份工作的时候，不要去想成败，而应该去想我怎样全力以赴地把这份工作做好。至于说你全力以赴了以后，做成功了，那表明你做这件事是合适的；如果全力以赴以后，依然失败了，也很正常，因为你原来没有工作经验，也许这份工作不适合你做。只顾耕耘，不顾收获，是做第一份工作时最重要的心态。

——2008年6月俞敏洪在央视《我们》栏目中谈成败

还记得当年临近高考时，班主任对你说的话吗？“不要紧张”“正常发挥就好”“调整好心态”，诸如此类。俞敏洪想起的却是这样一句话：“我知道你们在座的小子，没有一个能够考上大学的，你们以后一定都是农民，但是我依然要求你们每一个人都去考大学。因为当你们以后回到农村，在田头劳动的时候，当你拄着锄头仰望蓝天，叹息自己命运悲哀的时候，你会想起来，你曾经为了改变自己的命运，而奋斗过一次。”

这样的一句话，俞敏洪一直记到今天。正是这句话，才使得他拼了命也要考上大学，即使连续考了3年。他当时并没有将北大作为自己的目标，而是只要能上大学就好。争气也好，怄气也罢，他坚持了3年。

谈恋爱，哪管成败

爱情是多么美妙、多么令人神往的事，而谈恋爱更是让人刻骨铭心。想必每个经历过恋爱风潮的人都有这样的感触——结果不重要，过程才美好。的确这样，恋爱之所以让我们终身难忘，不是我们最终收获了那份爱情、得到了对方，而是谈的这个过程——酸甜苦辣。俞敏洪对这一点最有发言权，那段让人捧腹却又大跌眼镜的言论犹如警世的钟。

“我在大学的时候，你说我有没有喜欢过女孩子？我喜欢过，但是我从来没有去追过一个女孩子，为什么？不敢，我一想到要去追某一个女孩子，我就先想到自己，瞧我这副熊样，长得这么难看，又是农村家庭出身，成绩不怎么样，普通话又说得不好，我要是去追百分之百被人拒绝，既然被人拒绝这个面子没有了，我去追她干什么呢？所以在大学，就只能是单相思，你知道，到最后什么机会都没有。

“但是，后来我开始变得更加脸皮厚后才明白，你去告诉任何一个女孩子，你爱她，哪怕你是个癞蛤蟆，对方听了也会高兴的，你要知道为什么，多一个人爱总比少一个人爱好，对不对？至于她是不是爱你，那是另外一回事。就算追求了一次以后，她不答应你也没关系。我问一个问题，你就明白了，请问在追她之前，她属于你吗？她不属于你呀。追了她以后，最后她没答应你，你丢东西了吗？你什么也没丢，对不对？但是，万一她答应你呢？而且坦率地说，收获还不止如此：第一，面对自己想要追求的对象的时候，你放弃了自己的面子，你敢于去追了；第二，在被人拒绝之后，你还能勇敢去追，你有了坚韧不拔的意志；第三，到最后，当你觉得对方无论如何不会爱上你时，你放弃了，你会收获得更多，你有了放弃的勇气。”

怕被拒绝，所以不敢去追自己喜欢的女生；怕谈恋爱失败，所以不愿意花费时间去谈一场轰轰烈烈的爱情。这样的怕衍生出了俞敏洪多年后的憾事，当一个个青年男女在大学校园里谈论风花雪月时，他只能做一个离群的“鹤”，看似高洁，实则落寞。后来，还是在北大，他不再怕，不怕被拒，不怕失败，勇敢地向她示爱，“好吧，我们试一试”，追到的竟然是德语系的系花，不得不说这是上苍的眷恋，也不得不说这是他经年累月修成的正果。

很多人喜欢在做事之前先计算好能不能成功，能，他就去做；不能，他就放弃。因为左顾右盼，所以失去了太多努力的机会。未来的事情，我们很难去揣测，俗话说："谋事在人，成事在天。"我们可以做的只有当下努力拼搏，并且持之以恒，不放弃，不犹豫。

当成败遇上喜好——溜烟跑

俞敏洪曾经遇到一个学生，她本来是商学院的学生，学的专业也容易找到工作，可是她偏偏对电视节目主持特别感兴趣。一时找不到这样的工作，她就去为天津电视台的那些电视制作组的人拎包，而且是没有工资的。除了当助理，她还要扛各种机器，充当场务帮着收拾东西。她工作心态非常好，做事也非常努力，一年之后，所有人都觉得这个小姑娘不错，单位就开始给她开工资。后来，领导发现她说话很有方寸，于是，一些小新闻节目的采访就安排她去做。再后来，这个小姑娘成为了天津电视台的节目主持人。

当你决定一辈子干什么以后，就要坚定不移地干下去，不要随便地更换。你可以像一条河流一样越流越宽阔，但是千万不要再想去变成另外一条河流，或者变成一座高山。有了这样的目标，你的生命就不会摇摆，不会因为有某种机会，你就到处乱窜，这样你才能做成事情。一旦你发现自己喜欢的事情，即使它不一定受欢迎，不一定赚钱，不一定有前途，甚至别人认为是荒诞不经的，只要你自己觉得做成它是有意义的，是值得的，你就应该大胆地去做，而不必在乎是否能成功。

比如水木年华的主要成员卢庚戌、缪杰，一个是清华大学建筑系的高才生，另一个是清华大学电子工程系的高才生，但是他们都对校园民谣有浓厚的兴趣，从大学就开始"玩音乐"。他们可以放弃高薪的工作，去做前途难料的音乐，就是因为喜欢。他们喜欢背着吉他浪迹天涯的画面，喜欢抱着吉他在校园弹唱的场景，所以他们坚持到了今天。

你喜欢的，可能眼下没有前途，甚至需要很大的成本，但只要你能够坚持，总有拨云见日的时候。那么，怎么去衡量自己坚持的事情是不是正确的呢？第一，看这件事是否符合你的兴趣。第二，看这件事是否是社会需要的。举个例子，学习越南语和英语相比，大家一定觉得学英语更好，但如果你越南语说得非常流利的话，国家领导人访问越南时可能就会用你做翻译。第三，看你是否适合做这件事。比如，你的性格内向却要去学管理，这就不太适合。学到最后，你不一定能成为好领导，却可能成为一个阴谋家。

成功没有尽头

俞敏洪有一次在美国的大学校园散步时，看到一个女孩的T恤上印着一行英文——“Success Is Never Final”，翻译过来就是“成功永远没有尽头”。看到这句话，俞敏洪顿时觉得周围优美的风景消失不见了，整颗心完全被这几个单词塞满。当时他正处于生命的困境中，虽然已经是世人眼中的成功人士，但只有自己清楚苦从何来。新东方的快速发展凸显出自己知识结构的不足，组织结构和管理结构急需改造，而任何一种改革都涉及新东方人的权利的重新分配，一不留神的失误可能就会导致新东方的灰飞烟灭……

中国文化是一种平均主义文化，不太喜欢个人主义，从“枪打出头鸟”“木秀于林，风必摧之”就可以看出。成败本来是很平常的事，平凡人失败了可以把它埋在心里，化悲痛为力量，然后继续努力，但是知名人士跌倒就很难再爬起来，因为这个社会不允许“英雄”失败，所谓“爱之深，责之切”。俞敏洪对此深有体会，新东方出名了，各大媒体就争相报道，正面的就吹嘘如何如何成功，负面的就夸大如何如何黑暗，甚至于自己的隐私生活也遭到破坏。

在中国，越来越多的人开始成功，但紧随成功的很可能就是失败。昨天还在的公司，今天可能就没了。“祸兮福之所倚，福兮祸之所伏。”创业难，守业更难，如何在成功以后还能避免失败需要一个人有大智慧。即使你在事业上很成功，也并不意味着你在生活中很成功，因为你可能在获取财富的时候失去了健康和家庭。

既然这样，是不是我们就干脆不再努力、不再坚持？当然不！我们不能因为可能面临的失败和痛苦就裹足不前。好比你害怕失恋就不去谈恋爱一样，如果你因为害怕失败就放弃追求成功，那你此时此刻就是大失败。

“Success Is Never Final”带给俞敏洪的是震撼，同时也能给我们一个启示：成功没有尽头，我们的生命也没有尽头。

“永远不要用你的现状去判断你的未来，只要你坚持就一定能获得你所意想不到的东西。”俞敏洪这样说的，也是这样做的。一九九几年的时候，美国的大学没有一所愿意给他奖学金，尽管拿到了录取通知书，去美国大使馆却办不到签证；二零零几年的时候，几乎所有的美国大学都欢迎他，办的签证也是10年多次往返的商务签证。所以，未来或成功或失败不是你现在要考虑的，你唯一要坚持的是往前走！

俞式沙龙

我始终认为事业是一种结果。什么意思呢？就拿我自己来说，如果我把新东方做失败了，今天就绝不可能在这里和大家讲话。可是新东方做成了，结果在那儿放着，我也就有了这样的机会。所以，任何事情只要你在做的时候，你都不能算是成功。

那什么是成功呢？我认为不是我把新东方做了多大，也不是我有多少钱、有多少朋友，而是有一种心态——过去摔倒千万次，将来也会摔倒千万次，但是我都能爬起来。

——俞敏洪

今天，你“被”了吗？

从2009年开始，“被”字十分走红。大学生在没有就业的情况下被大学帮助签合同，成了“被就业”；城镇在岗职工在收入没有明显增长的情况下，统计部门给出了高增长数据，成了“被增长”；江苏某地在农民还没有达到小康的状态下，地方政府要求农民按照设计好的问题回答，成了“被小康”；还有“被失踪”“被自杀”等。这些“被”后面都包含了一个信息：中国的一些政府机构弄虚作假已经变成一种习惯，而在这种习惯的背后是人们的无奈和气愤，以及在无奈和气愤之后的中国式的苦笑和调侃。

——俞敏洪《“被”字走红》

俞敏洪身上有一个优点：常常能变被动为主动。高考接连失利，他能变被动为主动；办培训班困难重重，他能变被动为主动；离开北大出来创建新东方，他就是变被动为主动。他不断问自己：既然别无选择，为什么不在这条路上积极主动地继续走下去呢？

新东方上市需要一剂后悔药

2006年9月7日，对于俞敏洪来说是个特殊的日子，因为新东方这一天在美国纽交所成功上市。今天，俞敏洪再想起当初的上市，他还是有许多感慨，后悔让新东方匆匆上市，“到现在为止，我也认为让新东方上市不是最好的选择”。但当时，公司的发展、高层的迫切需要、外部基金的进入等多方面因素纠结在一起，不上市是不行了。新东方从合伙制到股份制，从股份制到成功上市，这么一条路，他也是不能阻碍的。所以，俞敏洪只好开始研究如何上市。

好在俞敏洪有善于学习的本事，对股票和上市有不懂的地方就第一时间去找相关的专家咨询，等到新东方登陆纽交所的时候，自己在这方面俨然是一个专家。上市后，与投资者进行沟通以及并购方面的书籍，俞敏洪也在一直研究。上市的整个过程，俞敏洪心中都有一个前提，这是从创办新东方时就存在的，不管自己怎样无所谓，新东方都不能倒下去或者是不发展。因为它是从一个个学生做起来的，俞敏洪对其充满感情。

对于上市，俞敏洪可以说是一头雾水，对于以后跟投资者之间会产生什么关系完全不了解，而他的个性是要对一件事情充分了解并且知道它的目的是什么，他才敢往前迈步。然而，他还是像以前一样，从新东方最初的发展到不断壮大的过程中，一直处于主动的位置。上市后，俞敏洪把原本与内部人员交流的时间分出一大半去跟外部的人交流，包括各种投资者、股东。新东方上市这几年，每年都呈20%、30%的速度在增长，这就是俞敏洪主动努力的结果。

俞敏洪有一句话：“其实一个人想走得很远的话，不在乎走得多远，而在乎能坚持多远；坚持得久了，就能走出别人没有走出来的距离，就可以看到别人没有看到的风景。”

身不由己

俞敏洪曾经为新东方提出两个口号：一个是“新东方是中国人学习英语的地方”，另一个是“语言就是力量”。之所以提出这样的口号，是为突出一个理念——新东方只做英语教学，包括英语考试和英语语言教学，最多加上一些其他语言，像德语、法语之类。

渐渐地，俞敏洪发现这样的业务范围已经跟不上时代的发展。举个简单的例子，一个家长的孩子在新东方学英语学得很好，可是突然有一天不来了。当问其原因时，他会说，他的孩子在另外一家机构学习，学习英语的同时还能学习其他科目，这样很省事，尽管那家机构的英语教学不如新东方。

这就是“形势所迫”，外界环境或者说是行业现状逼迫着俞敏洪做出改变。他开始意识到，新东方只做英语是不行了，形势已经变得很被动。

新东方最终做出两项战略转型。一是学生年龄段转型。原先新东方的学生80%都是大学生，现在扩展到高中、初中、小学。年龄段的下降预示着授课方式也要改变，因为教大学生和教中学生、小学生完全不一样，大学生比较适合大班教学，老师只要讲得好，下面坐再多的人也不会出现问题；而小学生、中学生就不适合大班，需要浓缩成几十人、十几人的小班，因为家长们会担心自己的孩子自律性不强，不认真上课。二是学科转型。原先的新东方只有英语这一门课，现在已经是包括数理化在内的全科教学。有了这两个转型，新东方又实现新一轮的发展，俞敏洪也再次把被动局面扭转为主动局面。

主动的力量

还记得学习英语语法时所做的被动语态和主动语态的转换题吗？如此简单的题目在GMAT（经企管理研究生入学考试）中却是一个非常关键的考点。

我们知道，通常的考试中，一般不会要求必须用主动语态表达。但是在GAMT中，假如一句话可以用主动语态表达，而你选择了被动语态，就是错误的。比如，“工作被我完成了”必须说成是“我把工作完成了”。只有在那些实在找不到施动者的情况下才能用被动语态，例如，“窗户玻璃被打碎了”，而你并不知道是谁打碎的。为什么会有这么细微的要求呢?

因为在GAMT中，主动语态和被动语态的测试背后隐藏着一个重大的命题——出题人是在考查学生思考问题时多用主动思维还是被动思维。多用被动思维的人潜意识里会用被动的方式答问题、做事情以及做人，而多用主动思维的人则相反。要知道，GMAT成绩是全世界范围内申请攻读MBA时必须提供的一个参考信息。到工商管理学院学习的学生，毕业后有不少人要到全世界各大公司机构从事管理工作，有些人还将担任高管要职。到那时，管理者的心态是主动为主还是被动为主将决定他是否称职，能否做好日常管理工作。

对大多数的人来说，被动型的生活更像是一种无意识的行为，大家就像老黄牛一样被各式各样的事情牵着鼻子走。比如，被房贷牵着走，变成了房奴；被信用卡牵着走，变成了卡奴；被钱牵着鼻子走，变成了守财奴……

还有一些人是把大把的时间花费在无营养电视剧、无头脑逛街购物上，而很少抽些时间做点有价值、有意义的事。于是乎，他们患上了“电视被动症”，变成了“购物狂”。这种情况只能是英语中说的“be hooked on”，意思是被钩住。它恰如其分地讽喻了那些被牵着鼻子走的人。

为什么人会变得被动？俞敏洪认为，主要是因为人们心中没有真正的大事情要做，也就是说他们没有远大的目标，一个没有航向的人只能是随波逐流。主动的人会拥有一种积极的心态，与其天天喊着改变生活、喊着要取得成功，与其待在无法改变的境地里，还不如勇敢地走出这种生活。

有的人生活充满快乐、惊喜和收获，有的人生活却充斥着平庸、无聊和失败，究其根本，主动拥抱生活和被动接受命运是两种人的分水岭。

俞式沙龙

王强：现在的人喜欢被动思维，比如，被动上课、被动上班和被动思考等。您怎么看待这样的问题？

俞敏洪：的确，如今整个社会都是被动太多，主动太少。看上去，克服被动的状态是一场几乎不可能胜利的战争，不管是学生、老师、家长，还是社会、组织，好像都不具备这样的能力。那我们的出路在哪里呢？其实很简单，让我们努力把“被”字去掉，每天去掉一点点。学生主动一点去学习知识，老师主动一点去开心地授课，家长主动一点积极地去培养孩子……

骡子拉磨——原地转圈

> 从前有一头骡子，自小就在磨坊里拉磨，日复一日绕着石磨兜圈子，十几年如一日，勤勤恳恳。有一天，它终于老得再也拉不动石磨了。主人觉得它劳苦功高，决定把它放养在荒野之中，让它在绿草地里自由自在地度过余生。但这头骡子从来就没有享受过蓝天白云下的自由自在，它已经失去了作为动物融入大自然的天性。在如此宽阔的天地中，这头骡子唯一能做的就是在吃饱以后，绕着一棵树不断地兜圈子，直到最后死在这棵树下。
>
> ——俞敏洪《永不言败》

习惯成自然，自然成习惯，仿佛我们的生活就是这个样子。从小养成各种各样的习惯，不管是好的，还是坏的，它们都像膏药一样贴在我们身上，撕都撕不掉。久而久之，它们开始影响我们，影响我们的思考方式，影响我们的行为方式，从此，我们开始不假思索地为人、做事，像一辈子被石磨控制的骡子一样，转来转去。

有人说，性格决定命运，俞敏洪却认为是习惯决定命运。人顺着习惯行动，就像物理中物体遵循惯性运动一样。为什么受制于习惯？因为在习惯之中有一种舒适感，这种舒适感与生理上的舒服度直接相关。好比抽烟、吸毒一样，极其容易上瘾，并且明明知道走下去是条不归路，但是依然经不住诱惑地走下去。俞敏洪称这个为“习惯的陷阱”。

三种鱼的启示

俞敏洪是江阴人，自小生活在长江边上，对长江有着难以言表的感情。他常常坐在岸边遥想岸对面的世界，幻想着自己人生彼岸的模样。他的性格与长江也有着千丝万缕的关联，长江教给他的何止一二。

住在长江三角洲的人对三种鱼会非常熟悉：鲥鱼、刀鱼、河豚。它们可以说是长江的特产，以味美、鲜嫩著称，一到食用的时节，它们就会成为餐桌上的“头牌”。三种鱼形状不同，吃法也各有不同。鲥鱼形状跟鲤鱼类似，身子却比鲤鱼扁。烹调鲥鱼的时候鱼鳞是万万不能刮掉的，因为它的美味全靠鱼鳞传递。刀鱼因为形状像匕首而得名，它的肉极其细腻，但是食用时要特别小心，别看它们体形小，鱼刺却有上千根，你一不留神就会被卡住。河豚的身子呈滚圆状，体表为带刺的皮，吃河豚的人一般都连皮吃。不过，河豚毒性很大，烹饪不当会让食用的人丧命，每年因为吃河豚而丢掉性命的事件时有发生，所谓“冒死吃河豚”是也。

俞敏洪的父亲曾经就给他讲过关于这三种鱼的故事，直到今天，他还能从中获益。

过去，长江边的渔民捕捉这三种鱼用的是同一张网，网的形状就跟排球网一样。网撒在江心，让不同的鱼在网眼间来来去去。鲥鱼的体形是头小身子大，头钻过去后身子过不去。如果它能往后退退，就能轻松逃脱。可惜，鲥鱼爱惜自己的鱼鳞，宁愿死也不愿后退，最后被捕获。刀鱼看到前面的鲥鱼被捕获，心中暗想，这家伙真笨，往后退一步不就行了吗？于是，刀鱼穿过网眼后，迅速后退，结果两边的鳍被卡住。如果刀鱼一直往前冲，就能轻松逃脱。可惜，它吸取鲥鱼的教训拼命后退，结果也被捕获。最后的河豚看到前面的两个“笨蛋”心中暗喜，它们俩真是笨，只要不前不后不就没事了吗？于是，河豚碰到网眼后，拼命地给自己充气，身体变得圆鼓鼓的。结果，浮出水面被渔民轻松捕获。

这个故事在小俞敏洪看来是好玩的，待如今自己事业有成再去回想这个故事时，忽然发觉它是那么深奥，而父亲想要教给他的是如此的隽永。人，就像上面的三种鱼一样，有着自己的天性和习惯，遇到问题时常常被它们所误，却不知道自己错在何处；眼里看到的只是别人的失误，不去结合自身分析一番，于是进入另一个致命的陷阱。现在俞敏洪想到父亲当时讲故事的神情，他才明白那是多么的迷茫、多么的痛苦，当时父亲多么希望自己的儿子能够懂得。

世界上没有十全十美的人，我们该如何避免被习惯所误、逃避所谓的宿命呢？苏格拉底说过一句话：认识你自己。只要我们认识到自己的劣根性，认识到自己的局限性，认识到自己固有思维的荒谬，认识到自己习惯的不合时宜，就不会被自己编织的大网捕获。

于一个宁静的夜晚，拿出一张白纸、一支笔，写下自己的成功与失败，寻找成败的缘由，并把它们条理清晰地列出来。再把自己的习惯一一写下，哪些是促进成功的好习惯，哪些是导致失败的坏习惯。如果你想不清楚，可以邀请三五好友来帮你写。他们或许比你自己更了解你，而且不留情面。

习惯的陷阱

其实，最可怕的不是我们拥有什么样的习惯，而是我们已经养成某种恶习却不自知。上学时，你只知道背诵标准答案、死记各类公式，却忘记如何养成独立思考的习惯，慢慢地失去了创造能力；工作时，你只知道朝九晚五机械化地服从，却忘记如何养成提意见的习惯，慢慢地失去了发展机会；休息时，你只知道上网聊天、看视频、打游戏，却忘记去完成一些重要事情，慢慢地趋于平庸、流于肤浅……我们就像冷水中的青蛙，直到水温滚烫时，才想起逃脱，然而时机已过，命不久矣！

俞敏洪多年前买过一台IBM的手提电脑，平时的工作计划和工作报告都在上面记录，里面存储着每天的邮件和拍摄的照片。总之，他有了电脑，工作、生活和学习都方便了许多，久而久之，他也就离不开电脑。

后来，他发现电脑在提供帮助的时候，还会像阴谋家一样策划着恐怖的计划，而这个计划可能会毁掉他的人生。首先，俞敏洪发现自己对汉字越来越模糊，需要手写的时候，完全忘记字形笔画。简单的如“誊写”的“誊”，复杂的如“耄耋”，手握钢笔时根本不知道从何写起，更别提写到字迹美观的程度了。再者，表面上看电脑让工作更快捷，实际上却降低了效率，浪费了时间。之前没有E-mail的时候，自己一天最多写两封亲笔信，不是重要的事也不会寄信。现在倒好，事无大小全部都用E-mail，反正大家觉得不用贴邮票，也省事。俞敏洪每天却要花费一个多小时处理E-mail，这些极大地耗费了时间和精力。

但是，我们不能去怪罪电脑，不能说是电脑导致我们自己一部分能力的退化。真正的原因是我们对电脑有太多依赖，而这种依赖随着时间逐步变成了习惯，我们变得习以为常。殊不知，习惯的陷阱已经为你搭好，正在时刻迎接你的“到来”。

电脑只是一个代表，代表的是各类现代化的工具，人类越来越习惯于依赖它们：自从有了手表，我们不再仰望星空，只顾盯着分针秒针，养成急匆匆的坏习惯；自从有了手机，我们不再嘘寒问暖，只顾低头滑动着手指，养成冷漠的坏习惯；自从有了汽车，我们不再扬鞭策马、潇洒天涯，只顾熙攘着、叫喊着、咒骂着，养成刻薄的坏习惯……

理性地讲，这些东西大大改善了我们的生活，它们本身没有错，而是我们使用的方式出现了错误，所以，我们要做的是设法控制它们为我们所用，不是我们被它们控制：手表让我们更加珍惜时间，拥有一个守时的好习惯；手机让我们更懂得珍惜感情，拥有一个关爱他人的好习惯；汽车让我们开阔了视野，拥有一个“行万里路”的好习惯……

俞敏洪说：“很多时候，我们都习惯把自己的思维限定在狭小的空间，按照大家普遍接受的惯性思维去思考，走别人走过的路，做别人做过的事。要知道，许多时候我们的成功是靠着改变人生固有模式获取的。”人与骡子最大的区别是，我们是自觉的动物，当发现坏习惯是阻碍我们成功的拦路虎时，我们应该不遗余力地清除它；当你发现自己像骡子一样在原地转圈时，你应该勇敢地离开那里，并迈开去远方的脚步。

俞式沙龙

武彦平：我这个人从小养成了不少坏习惯，现在想改都改不了，经常是自然而然地做事情。您能给我提几点建议吗?

俞敏洪：亚里士多德说过："优秀是一种习惯。"如果说人是习惯的动物，而习惯又是我们的命运的话，那就让我们养成优秀的习惯吧。既然你的过去有诸多坏习惯，不如从此刻起，重新养成一个一个优秀的习惯，比如记笔记的习惯、守时的习惯和独立思考的习惯。养成一个优秀的习惯需要坚持，不要轻言放弃，不要让恶习扰乱你。

免费就是赔钱?

新东方一开始是我一个人，每天上午自己贴广告，下午招生，晚上上课。碰到的问题是学生不来，或者学生来了不把钱放在这，这里面就出现很多麻烦，所以我想无论如何也得吸引学生过来。

后来，我发现贴广告不行，我贴一张，别人可以贴10张。于是，我就开始了第一次商业营销策略。我想如果收费他们不来的话，我免费难道他们还不来？所以，我创办了两个免费项目：第一个是免费讲座。当时我连用计算机处理文字和印刷的钱都没有，都是自己用钢笔写的招生简章。这个效果非常成功，因为大家想免费讲座还不听吗。没想到我租了一个50人教室，结果来了500人。这个成功之后，我连续做了很多免费讲座，大家就知道有这么一个学校存在了。第二个免费项目是学生可以免费试听16节课，听完之后满意了再交学费。

——2003年俞敏洪在中国人民大学的演讲

俞敏洪把创业分为两种：一种是以马云为代表。他们是从零开始，白手起家，俞敏洪自己也是这样。一种是以杨元庆为代表。他们是在前人的基础上再次做出一番景象，杨元庆就是接柳传志的班，这也属于创业。

一个人的成长和成熟都是慢慢蓄积的，就像一棵树长大也是慢慢长大的一样，没有一夜之间就能长大的树，也没有一下子就能创业成功的人。俞敏洪30岁才开始创业，将近40岁才算小有所成，新东方也是慢慢壮大的。很多人在创业之初最困难的是不知道怎么挖得第一桶金，如何让消费群了解自己的产品信息，俞敏洪用他的亲身经历向年轻人展示了一个制胜“武器”——免费。

瞎猫撞到死耗子？

刚开始张贴广告的宣传手段并没有什么效果，但是俞敏洪还是坚持，重复着刷刷贴贴的工作，想着每天进步一点点。他始终相信：可能坚持一百次还是失败，但是，也许坚持到第一百零一次时就成功了。慢慢坚持下来，他发现自己变了，变得有耐心，变得更沉着。

忽然有一天，俞敏洪突发奇想，能不能来一次免费讲座，让学生们免费来听我讲课。于是，他把广告修改一番，开始张贴免费讲课的小广告，他特意标注“原北京大学老师俞敏洪”的字样。从北大离开的一段时间里，俞敏洪还是沿用了这个头衔，当然这个头衔不是子虚乌有，北大也不能单方面否认，这就相当于打了个擦边球。虽然他离开了北大，但是北大的声望无形中给了他很多支持。

第一次免费讲座是1991年初，当天晚上，人数很快就超过俞敏洪的预想。讲座是下午6点正式开始，在此之前，原本只能容纳几十人的教室已经里里外外聚集了五百多人。俞敏洪临时决定把课堂搬到小操场上，他的第一堂免费讲座就是在黑暗中开始和结束的。

小小的免费广告竟然有如此大的反响，这是俞敏洪万万没想到的。他总结出两点原因：第一，这是免费的托福讲座。第二，讲课的是北大老师。学生听了两个小时觉得俞敏洪讲课水平还不错，等到他再去招生的时候，大家心里就有谱了。

但是，免费讲座不能马上停，如果来500个人你说要当场收费，那么估计学生一下子就跑光了。后来，俞敏洪想到一个办法，开一个免费的班，这个班一共有40堂课，前面20堂课是免费的，后面20堂课是收费的。学生可以自由选择，你听完前20堂课后不想交费就可以随时离开，当然后面的

20堂课你是不能再听。但是，俞敏洪向来的学生保证，最精华的部分都会在前20堂课里讲完。到最后，来的80人中只有2个人中途离开，其他人都上完了全程课。

俞敏洪认为免费讲座的招生方式算是成功了，这个模式是他独创的，他没人可以模仿，也没人给他出主意。当时他又想，单单是这七八十个人还不足以传播名气，还需要其他方法来扩大招生，那就需要更大的场地，需要到各大高校去。

1993年12月，在当时的北京图书馆的一次讲座是俞敏洪难以忘怀的。对于能容纳1200人的场地，俞敏洪自己也没有信心能来多少人，估摸着也就几百人。谁知道，一下子来了4000人。当时正是寒冬，俞敏洪穿着大衣都觉得冷，那些进不去的学生只好在门外冻着。大家就都愤怒异常，有的人就开始推报告厅的门甚至砸玻璃，结果招来几十个警察。警察们站成一排挡在前面，可是学生们根本不买账，把警察推开继续推大门。

事情发展到这个地步，俞敏洪觉得自己该出去处理一下，也许自己能平息学生们的怒气。他不顾警察的劝阻，把里面的课交给其他同事代讲，自己走出大门，站在一个大垃圾桶上开始了讲课。讲的时候他才发现自己出来的时候没有穿大衣，只穿了一件衬衫，冻得直发抖。一个多小时的时间，学生们的怒气慢慢消去，一个个都变得高兴起来，有的学生还把自己的大衣递给他。这边讲完，那边警察就把俞敏洪带走了，罪名是“扰乱公共秩序”。

俞敏洪自己也说过：“新东方的成功和我设计的免费讲座有关。前期创业的时候，因为招生和宣传的需要，我经常举办一些免费的讲座，这些免费讲座就变成了我最大的杀手锏。”为什么免费讲座能成功呢？俞敏洪还是很理解学生的，好学的学生还是有很多的，只是大家的积极性都被照本宣科的传统教学所压制，而他则想方设法地激发大家的动力。他的讲座是以学生为中心，课堂上不说废话，内容丰富并且符合主题，加上自己独有的幽默，他的课自然能吸引大量的青年。

周鸿祎的免费杀招毒

创业之初，由于没有品牌知名度、缺乏雄厚的宣传资金，很多企业还没起步就宣告了结束。这个时候就需要创始人有灵动的心，像俞敏洪能想到免费讲课，你也可以尝试一下免费营销。奇虎360就是一个典型的例子。

2005年9月，周鸿祎创立奇虎360科技有限公司，在电脑杀毒行业根本不值一提，当时大家普遍用的还是金山毒霸、瑞星等。多年征战互联网的周鸿祎始终恪守“用户需要什么就提供什么”的经营理念，把关注用户体验作为企业的核心发展方向。所以，关于360应该如何盈利的问题，周鸿祎一开始就想到免费的商业模式：普遍性服务免费，增值服务收费。

杀毒软件如何盈利一直是这个行业头疼的问题，如果以购买软件的方式收费，很多用户就会放弃使用；如果实行全程免费，很多企业又根本承受不住。周鸿祎认为，免费的杀毒软件可以吸引足够大的用户群。事实上，360基本就是免费的杀毒软件，并不是说把大量的用户“骗来”继而再狠宰一通，360的免费不是噱头；当用户群足够庞大时，哪怕只有1%的用户每个月花几块钱，都是一个庞大的盈利市场。

凭借360免费软件，周鸿祎成功获得大量的用户，之后，他又不断优化和完善软件功能，引入“云安全”的概念，以及其他产品的创新，为少数用户和企业提供个性化服务。

移动互联网时代到来后，奇虎360又推出手机360安全卫士，保护用户的手机免受垃圾短信、骚扰电话、手机病毒等烦忧。如今，奇虎360在杀毒领域可以说是一枝独秀，几乎每一个PC端、手机都安装有360安全卫士，人们的网络生活慢慢也离不开360，周鸿祎的互联网版图已经展开。

俞敏洪的免费讲座和周鸿祎的免费软件算是异曲同工，都是通过免费的方式赢得消费群，然后经过一系列的优化服务进行收费，从而成功熬过创业之初的艰难，终是“守得云开见月明”。他们在各自的领域算是异军突起，用自己的经历告诉后来人：人只要肯坚持，总能从困境中找到出路；只要你每天进步一点点，总有一天会接近期望。

俞式沙龙

《羊城晚报》：如今，很多企业在做营销规划的时候都会借鉴您当初的方法，例如免费策略。您认为免费营销是不是该推而广之的手段？

俞敏洪：刚开始创办新东方的时候，招生比较困难，宣传上也受限制，这样的困境中，我找到了免费营销这样一个方法，后来的效果还算不错。我的成功并不一定适用于其他人，它可能就是个个例。像周鸿祎的360也运用免费营销取得了成功，即使这样，我也不认为它应该推而广之。在商界，几乎不存在万能法则，适用这个企业家和企业的并不一定适用于另一个企业家和企业，还是要具体问题具体分析。比如，一家新公司，资金上本来就很困难，你还叫它去免费营销，这是不现实的，也不可取的。

消费心理知多少?

最初办学的时候出现招生难的情况也算是正常现象，我也很理解学生当时的想法。来我这里报名的学生心里想的基本都一样，他们常常看看我的这个班报了几个人了，一看登记表上一个人都没报，其他的人就不敢报了。或者他们一看才报了两三个人，其他学生也都举棋不定了，也不敢报名。最后我就总结出来了，前面报名的10个人是最关键、最重要的，也是最不易达到的人数，真是一个很难过的关口。如果报满了10个人，有了前面的示范作用和引领作用，再往后的10个人报名就会容易得多。如果这个班报满了30个人，那基本上后来的人就不问了，来了就交钱，生怕名额满了，报不上名。因为我拿的登记本嘛，一看登记本前面已经有30个人的名字，他们就知道已经有30个人交钱了，那么他们就知道，即使上当了也有前面的30个人垫底，心里就平衡了。

——《俞敏洪口述：在痛苦的世界中尽力而为》

走在大街上，你有没有看到哪人多就上前瞅一瞅的心理？到饭点几个人不知道该去哪吃时，你们有没有“干脆哪家人多去哪”的想法？这就是人的从众心理。俞敏洪理解的消费心理学，从众心理是比较突出的一点，他曾经就在一本书中讲过一个饭店老板创业的故事。

这个老板做饭是好吃，但来的顾客太少，根本毫无知名度。于是，他就请来邻居和几个朋友帮忙，帮忙的人自然不是在店里白吃白喝，而是假吃假喝，老板准备的饭菜能让他们假装吃一天。另外一些人就在门口排队，轮到进去时就在里面绕一圈再从后门出来，重新排在队伍后面，这就造成了饭店有很多人排队的假象。路过的食客看到这家饭店有如此多人排队，就会情不自禁地去排队，饭店的生意自然就红火起来了。这就是一个扩大宣传的策略。

你相信群众？

俞敏洪一开始招生的时候经常招不到人，归根结底就是登记表上的人太少了。于是，他就把每个班的报名手册登记本上前30个名额填满，算是一个试验。当然，俞敏洪这么做有一个前提，不是说把学生们的钱拿到手后就跑，那是诈骗；而是他想经由这种办法多吸引学生进入课堂。

来报名的学生看着前面已经密密麻麻填满了“宋江”“李逵”之类的名字，不怎么细看，就爽快地把学费交了。新东方的听课号有一段时间就是从31号开始排的，1～30自然是空号，不过学生们都没发现这个秘密。排到31号的学生一看自己都排到31号，顿时觉得这里报名的有这么多，自己肯定错不了，也就不会犹豫不决。

后来，有人做营销案例分析，提到俞敏洪的这一做法，说是典型的欺骗行为。俞敏洪说不是，欺骗行为是把学生的钱收了但不提供承诺的服务，而他兑现了承诺过的服务，还使自己的招生事宜更方便，这就是一个营销技巧。

不管怎么样，“假登记表”的方法是成功了。以前费尽口舌才能把学生的钱留下，半年后，学生们就争着抢着要来这儿报名。毕竟俞敏洪的培训班老师有限、场地有限，一个班的名额就成了大家抢夺的香饽饽。比如说，一个200人标准的班，经常多招几十乃至上百人，一个教室里塞满各种小凳子、小椅子。

有便宜不占不是白痴？

贵的东西、便宜的东西，你选哪个？相信大多数的人还是会首选便宜的，这就是人“贪便宜”的心理。你不能说它好，也不能说它坏，我们每个人都多多少少有这样的小心思。

虽说“便宜无好货”，但是消费者仍然会把价格放在首要考虑的因素之内。因此，在给产品定价时就需要多研究消费者对价格的接受范围。

刚开始招生时，培训费都是俞敏洪自己定的，可以高，也可以低。当时物价局对于民营办学基本不限定，只要不是太过分的收费标准，但标准需要上报到物价局。1991年，新东方还是“东方大学外语培训部”，学费比其他培训机构要低一半，比如他们一个学生收费200元，俞敏洪就收100元。由于价格是竞争对手的一半，所以他的培训班在人数上涨得非常快。

随着学生人数越来越多，俞敏洪完全可以做到坐地起价，或者和其他培训机构的收费持平。但是他自己心里明白，大家接受俞敏洪的原因有两个，其一是自己的教学水平还算可以，有不错的口碑，其二是自己的收费便宜，花不多的钱却能学到更多的知识。因此，新东方要想长期稳固地发展，低价策略还不能舍弃，俞敏洪正是靠着价格低才吸引到学生，他不能忘本。

当然，你不能说因为价格定得低，就把产品的质量也随之降低，表面上节约了成本，实际却毁了自己企业的可持续发展。所以，不管新东方的价格怎么变化，俞敏洪始终强调教学质量只能提高不能下降。

创业中或者发展中的企业不能说一开始就想着赚大钱，把尽快盈利作为首要目标，这是完全错误的，而应该更多地研究市场导向、研究消费者的心理，以做出恰当的决策。正如俞敏洪所说：“让利是我的制胜法宝。在开办初期，让利于学生，让利于教师；在成长期，让利于管理者，让利于社会。就是连傻子都觉得有些傻的招儿，在我的成功中发挥了关键作用，我收获了我的‘糖纸’——管理费和含金量大大提高的新东方品牌。”

不买最好，只买最贵

冯小刚执导的电影《大腕》里有句经典台词：“不求最好，但求最贵。”它暗讽商业社会下，不论个人财富多少，都想向外炫一炫的心理。虽然是2002年的电影，讽刺的是21世纪初大众的心态，然而，十几年之后的今天，这种心态依然未见消减，反而有更甚的趋势。回首过往，这部电影里的场景仍是历历在目，那一段段令人捧腹又令人羞赧的台词，犹如绕梁的音符在人们的心头久久停驻。

泰勒的葬礼被当作电影的噱头来利用，吸引了大量的投资商，大家一个劲地往里面投钱，挖空心思地搏版面。但是，当泰勒“死而复生”时，诸多富豪们一个个又神经“短了路”，霎时间变成精神病，一个个住进了精神病院。其中，一个做房地产的老板对着镜头一段冗长的独白最让人印象深刻：“……一定选最好的黄金地段，雇法国设计师，建最高档次的公寓，电梯直接入户，户型最小也得400平方米……再建一所美国诊所，24小时候诊，就是一个字——贵！看感冒也得花个万儿八千。周围的邻居不是开宝马，就是开奔驰，你要是开一日本车都不好意思跟人家打招呼……什么是成功人士？成功人士就是，买什么东西都买最贵的，不买最好的。”

当然，炫富是有钱人的心理，“不求最好，但求最贵”是他们的口头禅，对于尚处于温饱状态的普通人来说，这种心理几乎是不存在的。鉴于消费者存在炫富的心理，企业或者卖家可以相应地推出精品系列，实际上，很多企业发展到一定程度都需要推出价格高、质量高的精品，走“高大上”的路线。不过，精品路线的前提是“言之有物”“名副其实”，不能是“金玉其外，败絮其中”。

他代言，我埋单

聚美优品的广告词“我为自己代言”是2012年非常流行的“陈欧体”。“代言”这个概念一时间甚嚣尘上，也衍生出了网络语“带盐”。在大众娱乐的时代，“代言”体现出的消费者心理也成为一个显著的课题。

为什么商品需要代言？有些人会说，这是一种宣传手段、营销策略。但是，我们不能忽视这个代言的人物，如果你换一个卡通形象、一个动植物，或许，根本没人愿意买账。归根结底，这里体现了消费者“推崇权威”的心理，当一个人做出消费决策时，情感部分是远远超过理智部分的，如果某件商品是他推崇的权威所购买的，那么他就会无理由地选用。

我们虽然不能说这种消费是一种“追星”的表现，但它也是一种潜意识里的盲从，只是人们自己可能并不觉得哪里不对。作为卖方就应该抓住这样的消费者心理，然后做出相应的营销策略。不过，有一个前提，需要先了解你商品的购买群是一个什么样的群体，是什么年龄段，什么样的文化背景，这些人会喜欢什么样的“明星”，是歌星、演员，还是主持人、学者，等等。最后才是选择合适的代言人。而不是随随便便就找一个“大腕”去拍广告，去做推广，其结果可能就是“赔了夫人又折兵”。

汪涵代言的统一老坛酸菜牛肉面可以说是深入人心。那些打算购买方便面的人一来到超市，看到汪涵智者的形象，自然而然地想到“这酸爽，不敢相信”，从而实现购买行为。汪涵富有涵养的风格与久久发酵的老坛酸菜完美糅合。这便是成功的代言。

俞式沙龙

我最近在看一本叫《怪诞行为学》的书，上面介绍了“随大流”“从众”的心理，突然觉得真是这么回事。当初在招生的时候竟然完成了一个心理学课题，后面的人看到前面这么多人都交了钱，即使对自己的眼光和判断力再不自信，也会爽快地把钱交了。或许，这就是很多人典型的思维方式。

——俞敏洪

第4章

人活三条命

性命、生命、使命

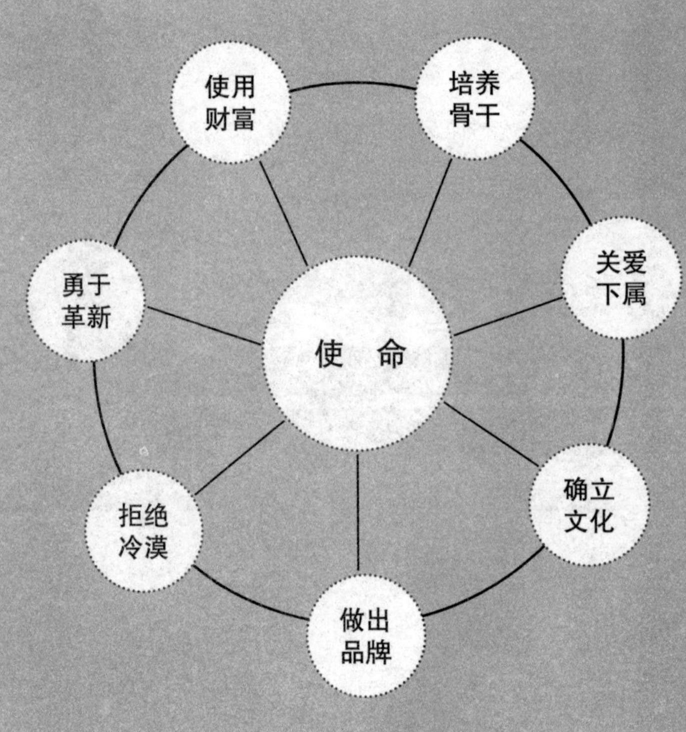
使用
财富
培养
骨干
勇于
革新
使　命
关爱
下属
拒绝
冷漠
确立
文化
做出
品牌

培养更多的“我”

学院派的阅读老师完全是按照大学里教授英语的方式，按部就班地把每一句话拆开来讲解，语法点、词汇等给你分析半天。结果一堂课下来，一段阅读理解都不能讲完，而我在课堂上阅读理解一讲就是讲七八段。

学院派的听力老师授课，一堂听力课下来也就是讲解10句听力，而我一堂课就能讲100多句。最后听课的学生就开始反映，说我们在这些老师的课上得到的信息量不够，这是第一个不满。第二个不满，他们的讲课方式完全是学院式的，而不是针对考试、应试特别设计的，这些授课的老师他们自己都没考过托福，所以不可能指导学生通过考试取得高分。第三个不满，这些老师授课时完全没有激情，没有活力，既讲不出语言的魅力，也没有幽默感，更没有鲜明的时代特色。因为学生的普遍不满，最后的情况是这些学院派老师全都提前“下课”了。

——《俞敏洪口述：在痛苦的世界中尽力而为》

教育的意境

老师到底应该怎么当？俞敏洪觉得，关键就是一个“巧”字。什么是“巧”？他讲了这么一个故事：

古代，有一次画师比试，主题是“深山藏古寺”。参赛的画师们纷纷立足于自身生活感受，使出浑身解数。有的画师画出了第一层意境：苍郁古老的山林中，古寺露出半山坡。有的画师画出了第二层意境：山林中若隐若现的是古寺的一个檐角。极少数的画师画出了第三层意境：浓浓郁郁的山林里插出一根旗杆。而只有一个画师画出了第四层意境：高耸的山脚下，一个小和尚正在打水。

拔得头筹的是画出第四层意境的那个画师。为什么？巧！巧在这个画师既不画古寺，也不画与寺庙有关的旗幡、钟，偏偏画一个打水的小和尚。看画的人自然而然就能联想到此处附近必定有一个寺庙，这不就把“藏”的意境淋漓尽致地表现出来了吗？

俞敏洪是一个老师，却又不单单是一个老师，他的教学还有更高的“意境”，讲究把知识巧妙地传授给学子，真正是“任重而道远”。

寻找“孙悟空”

2008年3月16日，“我能创未来——中国青年创业行动”活动上，牛根生作为客串主持人向在场的俞敏洪和马云提出一个相同的问题：“创业路上，如果从唐僧师徒四人中选两位做自己的创业伙伴，你们会选择谁？”

马云选了沙僧和猪八戒，俞敏洪选了沙僧和孙悟空。老实忠厚的沙和尚是二人共同的选择，但是另一个人选却不同。马云解释道：“最适合做领袖的当然是唐僧，但是创业路是寂寞孤独的，时常要温暖自己，需要幽默，给自己和团队打气，因此我希望团队里有猪八戒这样的伙伴。”俞敏洪则认为：“猪八戒虽然活得轻松，但是意志不坚定，需要领袖带着才能往前，而孙悟空就不会，他有信念，知道取经就是使命，不管受到多少委屈都要坚持下去。孙悟空也很忠诚，不管唐僧怎么折磨他，都会帮助他一路走下去。他还有头脑，在许多艰难困境中，会不断想办法战胜困难。孙悟空有眼光，能看到别人看不到的机会和磨难。”

牛根生最后给二人打分，俞敏洪得了5分，马云得了3分。理由是：创业需要好的眼光、优秀的组织能力和整合能力，孙悟空无疑能整合猪八戒和沙僧，但猪八戒却不能整合孙悟空与沙僧。

俞敏洪从最开始办英语培训班时就非常注重人才的挖掘，一直寻找自己的“孙悟空”。后来成立新东方，王强和徐小平无疑是其最早的“孙悟空”。他明白，人才才是自己最强的竞争力，因此从未放弃对优秀人才的追求。他说：“我是一个好老师，但是只靠我自己是不行的，我必须培养出一批和我一样的老师来。”

长出自己的左膀右臂来

俞敏洪有着自己的一套教学方法。在他看来，考试就是一种手段，充当“通行证”的角色，所以，只要有考试，就有应对考试的技巧，就有解决问题的办法，而埋头死学是不得其法的。通过自己的亲身经历，俞敏洪研究出一套考试方法，为他的教学添翼。

俞敏洪1988年开始考托福，前后考了两次，成绩分别是653分和663分，而满分是667分。他在研究托福的过程中，把当时国内流行的50套托福题做得滚瓜烂熟，再去教托福就容易许多。相对地，高校里的老教授们肯定不会去考托福，也不会去研究如何获取高分，尽管他们的英语能力十分高超，取得的成绩也非常卓越，每一句话也能讲解清楚明白，但是这些都不是针对考试的。

正是存在这样一个缺口，俞敏洪才有成功的空间，慢慢就揭开了托福的神秘面纱，继而攻破一个个学生认为的托福的难关。久而久之，俞敏洪的名气打响了。在北大教书的前几年，俞敏洪也是紧张兮兮的，直到后两年才逐渐形成自己的特色。给学生上英语课时，他不是单纯讲英语课本上的内容，还会拿《圣经》当范文读，或者读些罗马神话、希腊神话。有了这种灵活的授课风格，离开北大办培训班时就顺手许多。北大的课堂也就四五十个学生，而外面培训班的学生至少都是100人，甚至超过200人。面对这么庞大的学生群体，你不得不想方设法抓住他们的注意力。长此以往，俞敏洪把励志、幽默和授课糅合在一起，最终收到了极佳的效果。

俞敏洪教英语最成功的一点就是能够把复杂的英语句子、语法结构用最简单的语言讲解清楚，让课堂上的每个人都能听懂。这也是他可以把托福考200分和考600分的学生放在一个班的原因。后来，他也用这个标准去要求新东方的每一个老师，不管课堂上有多少学生，老师都必须要有掌控课堂气氛和听课效果的能力。如何抓住几百人的注意力去上课，需要老师不断地琢磨，将自己的授课模式不断完善。

其中，俞敏洪实施了两项制度，一个是“试听制”，一个是“打分制”。新东方的老师在录取前必须经过8轮面试，不仅要获得招聘人员的认可，还要通过试讲得到学员的打分，分数不及格的则不能进入公司；即使成功当上新东方老师，还是要定期接受学员打分，一旦不合格，依然会被宣告“下课”。所以，新东方的老师都会养成“抖包袱”的习惯，课堂不仅要教授知识，还要懂得旁征博引，懂得调动气氛，否则学生这关就不好过。

“江山待有才人接”

对于新东方未来的发展，俞敏洪一直非常关注，摸索着如何从新东方内部培养选拔出新一代的领导人。今天，新东方的总裁已经不是俞敏洪，但是他的工作量并没有减少多少，主要的工作在两个方向：一是保证新东方系统的完整性和突破性，二是保证新东方第二团队能够跟上形势发展。

比如战略方向、公共关系，以及一些特定社会场合的露面，还得俞敏洪出面才靠谱一些。

俞敏洪如今最大的想法就是能把新东方全部交出去，把手中的工作彻底放掉，交给那些更有能力的人来掌舵。这是他的想法，也是他的使命。

随着新东方一步步壮大，俞敏洪逐渐把人才培养提升为自己的使命，这与他的终极信念是相符的，那就是培养一代优秀的中国人，这个过程没有足够多、足够优秀的老师和管理人才是行不通的。所以，大量出身不同、专业不同的人来到新东方，在这里学习、奋斗。新东方的成长，不能说与俞敏洪的人才策略无关，不能说与俞敏洪的使命感无关。

俞式沙龙

《中国慈善家》：创办新东方，成功上市，又办了私立大学，接下来你的人生路是怎样的？

俞敏洪：人活着有三条命：性命、生命、使命。性命就是确保你能活下去，温饱不愁，衣食无忧，大部分人都在这个层次。生命，是一个人活得有尊严，包括你有一点事业上的成就，受周围人的尊重。使命，就不是每个人都有了，像国家领导人有推动国家发展的使命，而我的使命不知不觉间与中国教育结合在了一起。使命，将是我之后的人生路。

摸着石头过河

这次清退家族成员虽然有摩擦、有冲突，最终还是过了河。新东方依然还是完整的，精神文化依旧存在，组织结构、管理结构、发展方向也逐步明确。所有这些正是通过这一两年的摩擦斗争换取的。

现在回过头来看这段新东方成长过程中的历史，如果没有王强、徐小平这一提议的话，到现在新东方肯定还是家族企业，是上不了市的，到最后还是有可能四分五裂的。所以在这点上，尽管徐小平和王强把我给压得喘不过气来，但是，他们确实为新东方的持续发展做出了很大的贡献。

——俞敏洪《果断地挪开亲情这块绊脚石》

蜕变后是希望，也是绚烂

因为新东方是从英语培训班开始，最早的“东方大学外语培训部”，就是俞敏洪跟妻子一起做的。当时俞敏洪主要做老师的工作，妻子就负责招生、收费、算账等事宜。

1993年，新东方创立后，俞敏洪任用的也多是家族成员。所谓“打仗亲兄弟，上阵父子兵”，这一特点在民营企业中算是比较普遍。1996年以后，俞敏洪国外的朋友、同学陆陆续续来到新东方，准备把新东方做大做强，做成一个正规的、管理科学的、可持续发展的名校。

当时，俞敏洪的母亲也在新东方帮忙，除了为老师、员工们做饭，还参与后勤管理，老太太也乐于管事。俞敏洪的妻子1995年就离开了新东方，在加拿大上大学。不过，俞敏洪的其他亲戚朋友比如他的姐夫、妻子的姐姐和姐夫都在新东方做事。

徐小平、王强、包凡一等人看到新东方里有不少俞敏洪的家族成员，表面上没什么话，心里却有十万个不舒服。这一点，俞敏洪还是清楚的。不过，对于其他几个创始人的家族成员，他们的不满就体现在了行动上。清算家族成员的行动浩浩荡荡地开始了。

徐小平等人觉得新东方到处是亲戚朋友，会让人际关系变得异常复杂，管理上也会变得乌烟瘴气。并且，大家已经开始谈股份合并的事情，如果家族成员还在，利益分配上就会不成比例。这些人受过西方的教育，在经营管理方面有独到的见解，比如王强有个弟弟，处于待业状态，但他就是不允许弟弟进入新东方。到2000年的时候，新东方最大的矛盾已经不是业务矛盾，而是激烈的家族矛盾。

几个人商议后，就开始督促俞敏洪走上人事调整的路子。经过一番痛苦的心理斗争，俞敏洪觉得他们说得有道理，想让新东方持续发展，家族关系必须撇干净。

要想让家族成员离开新东方，俞敏洪就得起带头作用，其中最大的困难是如何说服自己的母亲。因为老太太始终觉得新东方是自己儿子的东西，为什么要外人来多嘴，这些人不但抢儿子的钱，还天天压迫儿子，现在还想把我们这些亲戚都赶走，简直连门儿都没有。驱逐家族成员一共耗时一年半，这期间，老太太慢慢明白了儿子的苦处，自己待在这儿的时间越长，儿子就越受气。最后，还是俞敏洪的姐夫先主动退出。当时，姐夫已经是书店的经理，而这家书店是新东方书店中经营最好的一个，并且他还具有超常的经营管理能力。姐夫算是一个通情达理之人，最理解俞敏洪，而姐姐却因此生了他很长时间的气。

创办新东方的其他几个合伙人看到俞敏洪的家族成员都纷纷离开了，就知道俞敏洪是动真格的，也都开始积极配合清退工作，什么姐姐、弟弟、外甥，在新东方一概不留。

改变，永不止步

俞敏洪和徐小平、王强、包凡一等都有各自的业务项目，彼此之间不冲突、不矛盾，整个新东方就是一个合伙制。为什么突然之间大家想把它变成股份制的公司呢？这其中有一条“导火索”。

2000年，培训市场上出现了新的业务，但是与英语无关，而是游离于新东方传统经营范围之外的新兴业务范畴，如非常火爆的电脑培训。几个人在一起吃饭时就商量：既然社会上有这么多电脑培训班，为什么新东方不自己办个呢？大家讨论的结果是“可以办”，可是到了“谁来办”时就开始犯愁。毕竟每个人都有自己的招牌项目，相当于自负盈亏，现在多出一个项目，如果让俞敏洪办，其他人就分不到钱；后来，大家认为让王强来办，毕竟他是电脑工程师出身，然而这个决议还是有人不认可。最终，大家想着将这个项目变成股份制，反正这个项目也不用去工商部门登记，它就是大家相互之间的一个虚拟的股份制。

新东方当时出现两个新业务：一个是电脑培训。大家重新商议后由王强去做，王强占大股，其他人分小股，比如他占了60%的股份，其他人就分剩下的40%。一个是图书出版。它由俞敏洪负责，就是俞敏洪占60%股份，其他人再分余下的40%。这样的分配方式带有极大的随意性，到最后发现利益分配特别乱，矛盾也越来越多。俞敏洪决定，既然我们内部不能解决这些问题，就外请专家来介入吧。

王明夫算是企业咨询中名气比较大的一个，俞敏洪把新东方的问题告诉他后，王明夫很快就带着自己的咨询组来到新东方。调查以后，他说：新东方的规模已经达到一个亿的收入，除去各种费用，净利润也有两三千万；如果上市的话，市值就会涨80倍，但是新东方是个学校，不可能上市；要想上市就得有一个依托机构，也就是创办一个公司。公司上市的发展思路也就是这个时候开始深入人心的。

创办公司之前先是分配股份，经过长时间的商议，咨询组也在现场，俞敏洪持最多股份45%，徐小平、王强各拿10%，其他人有的拿4%，有的拿

2%，有高有低。其中，空出10%的股份用作将来新东方新加入的人才的鼓励，分给那些能为新东方的将来做出卓越贡献的有才华的人。股份制公司的事按着计划慢慢展开，这个时候，大家就要把各自的项目合在一起共同奋斗了。有了总裁、副总裁等职位上的高低，大家心里、面子上觉得不是味儿；原本大家各负盈亏，赚多少钱都塞自己裤兜里，现在却成了领月薪……诸多问题摆在眼前，俞敏洪和新东方接下来要走的是一段艰难的路，一段摸索公司上市的路。

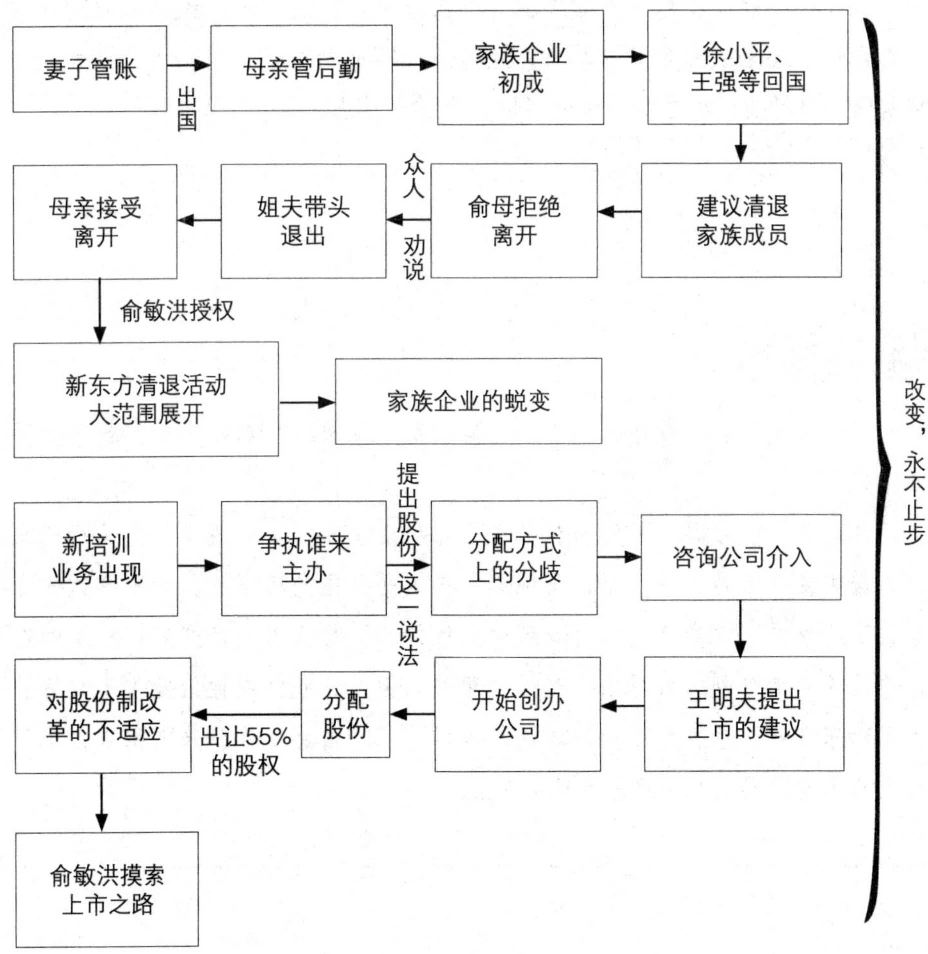

⊙ 生命不需要七十二变，只需要一变——适时改变。

俞敏洪认为，人生在某个阶段就要做那个阶段的事。人不能一成不变，而应该根据时势做出相应的调整。好比一九八几年时，俞敏洪与几个合伙人一同办英语培训班；一九九几年的时候，国外的朋友都回来了，新东方也慢慢办起来，家族制的管理就不合时宜，需要调整；进入21世纪，合伙制的方式显得落后，急需股份制改造；再到后来新东方上市，这些都是步步为营的过程。

正是俞敏洪的改变，才带领新东方不断向前；也正是俞敏洪心中的使命感，促使他不能让新东方停滞不前。不管你是在校的学生，还是创业期间的有志青年，还是成熟企业的老总，这种使命感不能消退。只有通过不断改变和调整，自己的行动才能更接近目标、更贴近梦想。

俞式沙龙

王利芬：你怎么看待当初的清退活动？把家族人员都赶走，你觉得容易操作吗？

俞敏洪：过去那个年代创业基本上都会用家族成员，成本低，运行起来也比较方便。但是，徐小平、王强那一批人是从国外回来的，看不惯这样的家族运行模式。说实话，当时我就蛮抵触的，凭什么自己辛辛苦苦打下的江山要让外人来分割，我母亲也是这个想法。但是，我知道他们是为了我好、为了新东方好，也就把这样的想法“枪毙”了。虽然操作起来很困难，用了将近两年的时间，但是意义非常重大。

人没法自己活着

有个人想知道天堂和地狱到底有什么区别，请求上帝向他解释清楚，上帝一言不发，带他去参观天堂和地狱。他吃惊地发现天堂和地狱看上去一模一样，都有阳光和微风，都有绿树和草坪。不同的是这两个地方生活的人。天堂里的人一个个健康快乐、相互关爱，脸上洋溢着幸福的笑容，而地狱的人一个个面黄肌瘦、互相厮打，眼中流露出的都是贪婪和仇恨。

于是他问上帝，天堂和地狱里的人们为什么如此不同。上帝带他去了天堂和地狱的餐厅，结果餐厅也是一模一样——设施一样，饭菜一样。不管是在天堂还是在地狱，每个人都用一把比自己的胳膊长得多的勺子吃饭，而且手必须握着勺子的最远端，因为勺子太长了，所以没有人能自己喂自己吃饭。天堂的人互相帮助，把勺子里的饭菜喂到对方的嘴里去，因此，每个人都吃得饱饱的；而地狱中的人只想往自己的嘴里喂饭，结果由于勺子太长吃不到，所以饿得皮包骨头、痛苦不堪。

——俞敏洪《人没法自己活着》

“朴实成就了我和我的事业”

因为来自农村，从小就热爱劳动，所以俞敏洪养成了勤劳的习惯。自小学起，他就希望通过劳动来吸引学生和老师的注意，毕竟自己的成绩不怎么诱人。

在北大上学的日子，俞敏洪每天都会打扫宿舍卫生。大学4年的时间里，他的宿舍完全没有排过卫生值日表。除此之外，他还有一个奇特的习惯，就是每天拎着水壶去给宿舍的其他同学打水，权当作体育锻炼。室友们看俞敏洪打水也成了习惯，有时他忘记打水，大家还会开玩笑："俞敏洪怎么还不去打水？"一般人看待这种白白付出的事一定觉得俞敏洪是个傻子，但是他却不这么认为，他觉得同学之间互相帮助是理所应当的。

10年后，也就是1995年底，俞敏洪出国游说的那几个同学，都是自己大学时的榜样，如徐小平、王强等。为了"诱惑"他们，俞敏洪特意带了很多钱，在美国、加拿大的那段时间都是大方花钱，让他们认为在中国也能赚钱。之后这些人也都回了国，却给出一个令人意外的理由——他们说："俞敏洪，我们回来是冲着你过去给我们打了4年水。"他们又补充道："我们大家知道，你有那样一种品质，自己有饭吃决不会让大家喝粥，就让我们一起回中国，共同干新东方吧！"于是，才有了今天的新东方。

身为一名老师，不在于教给学生多少知识，实用也好，不实用也罢，更重要的是，教给学生做人的品质、做事的道理。俞敏洪始终认为知识和技能可以通过努力得到，但是一个人的品质一旦形成就很难去改变，好比一个人非常聪明、有一技之长，但是没有用于正道，反而走上违纪犯法的路。他在北大2008年的开学演讲上，就讲到成就自己人生的两种东西，一个是理想，另一个是良心。何谓良心？良心就是要做好事，对得起自己的良心，有分享的姿态，有愿意为别人服务的精神。让自己的这些观点去影响更多的人，在俞敏洪看来也是一种使命，说大不大，说小不小。

国人的冷漠，黑暗中的鬼

鲁迅先生笔下"哀其不幸、怒其不争"的国民劣根性，并没有随着时代的进步而消退，反而在你最不愿意看到它的时候出现，俞敏洪对此有着刻骨铭心的感受。

新东方收钱最多的时间是周六、周日，可这个时间银行是不上班的，也不会上门来收款。存放在办公室？别开玩笑了，新东方当时的办公室破旧不堪，墙壁用一只手就能捅破。想来想去，俞敏洪只能带上巨额现金回家，放在家里相对来说安全点。怎料到，一个犯罪团伙早已盯上他，尾随到他家中，一剂麻醉针就把俞敏洪放倒——这种大型麻醉针甚至能让一头大象瞬间昏睡过去——之后家里的现金、相机等贵重东西被洗劫一空。这件事发生在1998年，俞敏洪算是虎口逃生，生命并没有什么危险。

1999年，这伙劫匪故技重演，直接在他家门口行抢。由于上一次的经历，俞敏洪身边就多了一个司机跟随。对方四个人，己方两个人。司机与三个人搏斗一番，就找机会出去喊人，三个人紧跟其后冲了出去。俞敏洪就跟留下的壮汉对峙，二人厮打了足足七八分钟。这个过程万分凶险，俞敏洪一边厮打一边高声求助，因为他知道那个时间其他住户是应该在家的，他希望起码有人敢在门里吆喝几声，把这个匪徒吓走。即使不敢出来，打“110”报警也行。然而，在二人拼命的那段时间，十几户人家没有任何反应，也没人报警。后来等到警察来的时候，家家户户又都出来看热闹了。这些人与鲁迅笔下冷漠的中国人别无二致。那一刻，俞敏洪真正意识到这种冷漠的可怕程度毫不亚于自己被劫。

可悲的是，国人的冷漠由来已久，从古至今，自小而大，“各人自扫门前雪，莫管他人瓦上霜”的观念根深蒂固。俞敏洪知道想要扭转这种观念不是一朝一夕之事，所以他在演讲、上课的时候都会有意无意地提到要学会关心，关心身边的人，关心周围的花草虫鱼，关心那“一叶一菩提”的美。

关爱文化，新东方的核心

在新东方成立十七周年之际，俞敏洪提出把“关爱文化”作为新东方的核心，从此，关爱员工、教师、学生、家长，乃至社会将是新东方的工作中心。

“关爱文化”有必要吗？俞敏洪说：“新东方对员工好一点，员工自然就会对家长和学员好一点；家长和学员感受到了好，就会让新东方的口碑更好一点；新东方的口碑更好一点，我们的发展就会好一点；发展好一点，我们就可以对员工和老师更好一点。”这是一个良性的循环轨道，再者关爱也是俞敏洪和新东方的使命，他有责任将人文关怀进行下去，不仅是从行为上，还要从制度上进行更深一步的完善，从而使新东方在未来变成一个传递爱心、传递温暖的地方。

假如这条关爱的线在某个环节断掉，那么整个循环都会断裂，很难想象，一群毫不关心他人的人组成的一个团体，如何完成一个伟大而光辉的梦想。假如俞敏洪一开始就是一个攫取小利的市侩，可能今天就不会有一个教育集团叫新东方。

学会关心他人是一股春风，给他人送去和煦的温暖；学会关心他人是一阵夏雨，给他人送去久违的清凉；学会关心他人是一枚秋菊，给他人送去馥郁的芬芳；学会关心他人是一片冬雪，给他人送去纯净的美丽。让世间的关爱更多一点，让这一点一滴的爱汇聚成一股一股暖流，去冲淡人们心中那一份冷漠。

俞式沙龙

有人问我天堂和地狱有什么区别，我总认为它们并没有很大的差别，我们也不需要等到死去的那一刻再去决定上天堂还是下地狱。每一天，我们几乎都面对着这样的选择，当你选择与他人和睦相处、相互帮助、精诚合作时，你的生活就是天堂；当你选择贪婪、抢掠、霸道、自私自利时，生活也就变成了地狱。这个世界上，没有人可以单靠自己的力量活一辈子。

——俞敏洪

“四品”俞敏洪

> 我把品牌分为“四品”。第一个叫品质，是一个质量的问题。第二个叫品位，也就是定位问题，比如大家在提到新东方的时候能想到什么。第三个叫品行，一个人有品行就是这个人从形象行为上来说很正派。第四个叫品格。品格是不管别人怎么欺负我，我都不去欺负别人。对于企业来说，一个有品格的企业就是无论把什么东西交到它手里，它一定不会做出格的事。
>
> ——《中国企业家的战略选择》

品牌之于蝴蝶，是波澜的翅膀花纹；品牌之于胡杨，是婆娑的盘根虬枝；品牌之于白鲨，是骇人的强颌利齿；品牌之于长城，是亘古的绵延城墙……提到某个事物，你马上能想到一个词语、一个画面，这就是品牌；好比你穿鞋只穿阿迪、耐克，拎包只要路易威登、爱马仕一样。

对于俞敏洪而言，品牌就是品质、品位、品行和品格，就是不断提升新东方的口碑。从“东方大学外语培训部”到新东方学校，再到新东方教育集团，不管企业是小还是大，他始终不放弃的是自己的品牌。

俞敏洪的“四品”论断

俞敏洪所说的“品质”，即新东方授课的质量决定了新东方的一切，质量好是关键。

俞敏洪所说的“品位”，也就是他给新东方的定位，主要为两个系统领域：其一，只要想提高任何考试的分数，就会自然而然地想到新东方；其二，涵盖所有职业认证的培训，如律师考试、公务员考试。

俞敏洪所说的“品行”，用一个例子来讲——到任何一家旅舍下榻洗浴，他都不会多于5分钟，因为在他看来水资源是非常珍贵的，无论是对于中国而言还是对于世界而言。所以，新东方一开始就形成了非常强烈的环保意识。这就是企业的品行，而它与创始人的品行有绝对的关联，假如俞敏洪的品行特别差，那么新东方从授课的老师到管理层的品行都会变得特别差，其结果只能是整个新东方的形象越变越差。

俞敏洪曾经住过青岛的一个花园酒店——当地名声最好的酒店之一。当时他正值感冒，桌子上放着一盒感冒药。这个细节被打扫人员发现了，晚上就端来了一碗热腾腾的姜汤，让俞敏洪分外感动。这就是俞敏洪所说的“品格”。

在给其他培训机构打工的过程中，他敏锐地发现这些培训学校的陋习——不管是对待学生的态度、日常的管理，还是办学的理念都存在明显的缺陷，不是过分追求利益，就是忽略学生需求，不讲究品质、品位、品行和品格。所以，当俞敏洪开始自己做培训班时，这些方面都成为第一要素，如何选择合格的老师，如何吸引学生，如何把课程做得人人满意。

“能继续提升我们的品牌和美誉度，哪怕以牺牲我们的市场占有率，以及牺牲新东方的收入和利润增长为代价，这就是我想要的东西。”进入新世纪，当大多数的企业在追求利益最大化、提升市场占有率时，俞敏洪却把重心放在提升企业品牌效应上。当员工担心新东方可能会因为竞争对手越来越多、市场被分割得越来越少时，俞敏洪却说道：“新东方股票掉到10块钱，对我来说不会心疼，尽管我的损失比在座任何一位的损失都大。但是如果掉到10块钱，是以我们不断地提升新东方的品牌和新东方的美誉度、提升口碑为前提，我根本就不用担心，因为这些提升以后，新东方的股票会从10块钱涨到100块钱。不是我们不要市场占有率，而是我们如何在确保我们美誉度的前提之下，来提升我们的市场占有率。”

对于自己的成功，俞敏洪有不一样的理解：学校最重要的人物，也就是创始人也好，管理者也好，必须首先有一种使命感，这种使命感绝对不是说想融多少资、赚多少钱，怎么样到国外上市，而是说学生进来以后，怎么样通过教学质量的提高给学生一个满意的结果。

维护好你的品牌

三鹿集团的前身是1956年2月16日成立的“幸福乳业生产合作社”。半个世纪的时间，几代人的奋斗，起初其貌不扬的三鹿一路风雨兼程，创下多个奇迹。2005年，“三鹿”品牌被世界品牌实验室评为中国500个最具价值品牌之一；2006年，被《福布斯》评为“中国顶尖企业百强”中的乳品行业头名。中国品牌价值评估中心评定“三鹿”品牌价值为149.07亿元。

所谓“盛极必衰”，伴随着品牌效应进入衰退期，三鹿集团也逐渐开始走下坡路，集团内部对品牌的重视程度亦江河日下。从2008年开始，三鹿奶粉频频被曝光有质量问题。同年5月，南京医院多个婴幼儿被确诊结石，一番调查后，发现都有饮用三鹿奶粉的历史。2008年9月，甘肃上报59个婴幼儿结石病例，其中死亡1例。其间对于媒体的不断质问，三鹿始终不向外公布真实情况，以致引发媒体更多的关注、质疑和深挖。事后确认，此次婴幼儿结石事件是由于不法奶农为了提高鲜奶中蛋白质的含量，以此获得更多利润，向鲜牛奶中加入三聚氰胺，而三聚氰胺对婴幼儿的健康有巨大损害。

2008年12月，三鹿——这个奶粉产销量连续14年居中国第一的企业，不得不走上破产的路，曾经的“三鹿大厦”就此倾倒。三聚氰胺事件也让三鹿奶粉成为“毒奶粉”的代名词，食品安全再次成为中国人民激烈讨论的话题。三鹿的逝去为其他企业敲响了警钟。

三鹿集团为什么会轰然倒塌？三聚氰胺只不过是一个导火索而已，其内部的管理失控以及对维系品牌的忽视才是罪魁祸首：其一，三鹿集团急于追求扩大规模，对于其潜在的风险高层管理人员并不熟知；其二，一味追逐利

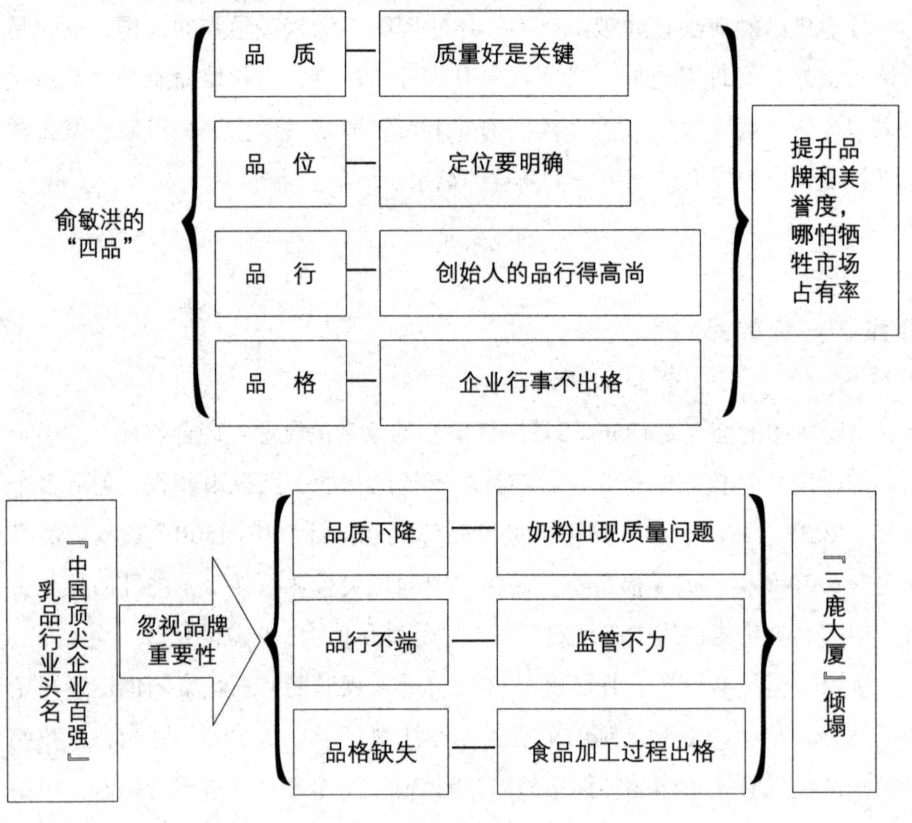

⊙ 品牌可不是优乐美，喝完了直接扔。

润而忘记企业使命，泯灭做食品行业的良心。

“打江山容易，守江山难。”对于创业者来说，创办一个企业只要足够坚持、足够勇敢、足够智慧，就有可能取得成功。但是，守住一个企业却极为不易，它不仅需要坚持、勇敢、智慧，还需要非常关键的使命感。在经营企业的过程，你必须意识到，商道的根本是品牌的塑造和维护。品牌能让你囊括无尽的财富，也能让你赔光家底，就看你如何对待它。

俞式沙龙

新浪网：新东方无疑是现阶段全国最大的教育集团，您觉得新东方的成功在什么地方?

俞敏洪：任何教育机构都是文化凝聚的产物，而不是简单把几个机构整合起来，今天收购这一家，明天收购另外一家，如果真是这样，那么最后的结果就会很糟糕：偌大的教育机构彼此之间却互相拧巴，没有统一的企业文化，没有一致的运营理念，它的倒闭只是时间问题。

并且，我始终认为，教育是一个长远的项目，做教育就必须要有耐心，没有10年的工夫，大众根本不会认同你的品牌。

新东方的精神构造

对于一个人来说，技能上的东西很容易学到。闭门学习英语，两个月的时间，肯定会有一个提高。但是，技能如果没有思想引导，对社会是没有用的。新东方之所以发展到今天的规模，就是因为新东方除了教授学生技能上的东西以外，还教给了学生比技能本身更重要的东西，那就是新东方精神。一个人如果想成功，他必须要具备技能以外的东西。学员来到新东方以后，他除了要学英语，还要学习对这个社会的看法，为人处世的态度，做事的心态，做人的胸怀、理想、追求和目标。没有胸怀、理想、目标，你是做不成什么事的，因为你不知道你做一件事到底是为了什么，当然也就不可能把它做好。如果一个人没有胸怀、理想、目标，就算你的英语学得再好，也无非是一个懂英语或者说是精通英语的技术人员，而你为这个社会所做的贡献是很有限的。

——俞敏洪《生命如一泓清水》

俞敏洪的新东方

很多人都问过俞敏洪，所谓的新东方精神到底是什么。可惜，俞敏洪自己也难以一言蔽之。他说道："人活着需要一种感觉，新东方之所以被很多人接受，就是因为新东方有一种感觉存在。不少去过新东方的人，都在新东方感觉到了一种活力、一种顽强和一种豁达。对于局外人来说，新东方校训中'从绝望中寻找希望'只是一句口号，而对于在新东方学习和工作的很多人来说，是实实在在的生活写照。”

提起创办新东方，俞敏洪的初衷很纯粹，就是为了赚钱。到了而立之年，作为一个男人，连自己喜欢的书都买不起，连给老婆买条像样的裙子都做不到，住的地方连家徒四壁都谈不上，他是没有脸面活在世界上的。后来，通过办培训班，一点一点地做大，经济基础越来越雄厚，俞敏洪开始觉得是时候该为这个社会做些什么了，新东方不能仅仅是一个培训组织。

新东方最开始的英语教学并没有主动地想灌输给学员一种思想和人生上的指导，但是俞敏洪渐渐发现纯粹地讲授英语技能容易让学员昏昏欲睡。有段时间，学员看到他时提到的不是某堂课上的某个单词，而是某一句不经意间的话，那些话使他们心动，乃至被当成座右铭，激励他们不断奋斗。所以，俞敏洪开始要求新东方的老师有意识地在课堂上灌输一些关于成功、奋斗的理念，这些理念慢慢形成一个体系，也就是今天的新东方精神。

“新东方精神就是当你因为人生痛苦而绝望的时候，你依然可以坚强地活下去，并寻找生命的新起点，而不仅仅是活下去，更不会想到去死。所以，新东方精神的内涵是即使你痛苦地活着，依然要有朝气蓬勃、奋发向上的精神，要有从绝望中寻找希望的精神。只有做到了这点，你才能在未来更好地活着。这就是我们所倡导的新东方精神。”俞敏洪这样说。

俞敏洪的新东方精神，是生命中一连串刻骨铭心的故事：被北大处分、遗憾出走的欲哭无泪，被美国大学拒收的痛苦绝望，被其他培训机构挤对恐吓的莫名颤抖，被医生抢救过来后的撕心裂肺……然而，新东方精神更是泪眼之后绝不回头的努力，绝望之后坚韧不拔的追求，颤抖之后不屈不挠的斗志，撕心裂肺后重获新生的力量……

新东方人的新东方

有人说新东方有理想、有激情、有号召力，也有人说新东方很肤浅，只会卖弄笑话和压榨学生的血汗钱。但是，不管外界如何看待新东方，每年还是有一批批学员来到这里，为了他们的梦想，开始在新东方寻找希望。每当一个学员走进新东方，新东方就多了一份不可推卸的责任，不仅要教授英语学习的技能、出国的知识，还要帮助他们规划人生的方向。然而，任何一个单独的人都无法承担这份重任，它需要的是一个一个为了共同志趣、共同追求的新东方人合力共举，一同扛起新东方的未来。

对于创业之初的新东方人来说，新东方精神是徐小平拿音乐拥抱授课、漂洋过海的激情，是王强辞去高薪工作、放下身段的毅然决然，是胡敏讲课时听闻家乡遭水灾背对学生无声的啜泣，是杜子华由标准“理工男”变成全国首屈一指的同声翻译专家的传奇，是包凡一自费帮助贫困学子购买教材的悲悯仁慈，是李力前脚被推进手术室“开膛破肚”，后脚就回办公室上班的刚毅背影……

对于勤恳教学的老师来说，新东方精神就是教室断电后依然嘶哑着继续上课，是在学生迷惘彷徨时用励志的故事激其斗志，是在学生乏味疲累时用嘹亮激昂的歌声鼓其心志，是炎炎夏日里与学生共同待在40℃以上的教室里背诵课文……

对于每个到来的学子而言，新东方精神是孤独绝望里寻求人生大道的探索，是在陌生无助的城市里挤公交的艰辛，是马路边上一手拿着盒饭、一手拿着词汇本的勤奋，是失败后仍然能勇敢站起来的坚定……

每个新东方人都有一段故事，或平淡无奇，或跌宕起伏，或感人至深。但是，它们都是真实的，关于人性脆弱与坚强抗争的故事，关于生活孤独与向往较量的片段。这些共同构成了新东方精神，那份感受，那份思考，那份批判，那份谈笑。

俞敏洪用自己的亲身经历去诠释何为“从绝望中寻找希望”，用他的“教育帝国”去印证何谓“人生终将辉煌”；新东方靠它无形的精神与信念向其他企业标榜什么是核心竞争力、什么叫作不可复制。

你有找到自己的核心文化吗？你有确定自己的核心价值观吗？你有巩固自己的核心竞争力吗？如果还没有，就赶快把它们提到日程上来吧！俞敏洪在录用老师时，唯一的前提就是要认同新东方精神，假使你的团队没有一个共同的价值观，又如何向着共同的目标迈进呢？

俞式沙龙

徐小平：几年前相聚新东方的只是一群传统、清贫、文弱的知识分子，但是经过努力，经过思想的洗礼，最终创造出了事业，每个人与之前相比都有了巨大突破。你说新东方不仅教学生技能，还提供精神方面的辅导。作为创始人，你认为怎么给人带来创造力和想象力？

俞敏洪：有时候，人一生发展得太顺利只是一种平庸的发展，其结果就是你会变成一个平庸的人。假如我当初顺利出国读书，最后也许会成为博士，但绝不会想回国再创业。虽然过着有房有车有老婆的舒适生活，但缺乏了挑战与动感，也就变得平庸。

俞敏洪：我不做程咬金

在新东方内部我开了一个会，我说："各位朋友我们是不是干脆不上市了？这样分分红也挺好的。"他们说："俞老师，我们不知道你家里到底有多少钱，反正我们还没钱，你就看着办吧。"别人的财路我是不能挡的，这个世界上有三种事情不能做：第一是不能挡别人的财路；第二是不能挡别人的爱路，就是爱情也是不能挡的，比如说好不容易找到一个女朋友，第二天被另一个男的给抢走了，稍微急躁一点的都敢拿刀子拼命了；第三是别人嘴巴的饭，在一个人饥饿的时候是不能去抢的。

——《俞敏洪口述：在痛苦的世界中尽力而为》

别人的财路不能挡

俞敏洪在新东方遇到的第一道坎儿是挡别人的财路。

在别人已经发财在望的时候，他不能做半路杀出的程咬金。好比说，一个员工本来可以拿10万元一年，你却告诉他因为各种原因只能支付8万元。倘若公司还算不错的话，对方尚且可以接受；但如果你突然说一分钱都不给了，那他可要跟你拼命了。当时的新东方就是这样一个状况：如果成功上市，很多人瞬间变成千万富翁，而不上市，大家只能每年拿几万块钱。如此巨大的财富悬殊，无疑是告诉所有人，他们的财路被俞敏洪挡下了。这时，不能说新东方的人庸俗，而是现实状况摆在那儿，不做不行。所以，新东方的上市，俞敏洪完全是被推上去的。怪不得，直到今天，俞敏洪对此还是充满悔意，不过，后悔归后悔，事实归事实，日子还是得过。

王明夫的到来，让大家知道了市盈率的概念。他估算如果新东方上市，市值就会涨到80倍，这意味着手中握有价值100万元的占公司总股份1%的股票，上市后将价值8000万元；不上市的话，到年底也就能领100万元分红。8000万元即便放在银行里吃利息，也比100万元多。在如此巨大的利益差距的诱惑下，从高层领导到普通老师，大家心里每天嘀咕的就是上市、上市。

上市之前是股份制改造，这是一个漫长复杂的过程。基本上，每个新东方人都分到了股份，就连后勤做保洁的阿姨也有。然而，一个问题出现了，大家手里拿着的这些股票说是钱，可又不是钱，心里没个谱。想到过去，自己的项目赚多少都算自己的，现在只能每月领那么点工资，年底领一次分红，到时能不能分红还难说。俞敏洪这时做了一项决议，他个人出资购买大家手里的股票，比如以100万元买占总股份1%的股票。如此一来，大家手中的股票就有了实实在在的估价。大家想一想也不会轻易出手，俞敏洪的目的算是达到了。

俞敏洪觉得“能让大家跟着我吃肉，绝不让大家跟着我吃菜”，新东方的每一个人都不容易，为下属谋福利也是他的一项使命。因此，他最终选择了公司上市。

俞敏洪疯了？

“新东方刚刚开始办班的时候，学生很少，但我给老师的工资远远超出了周边培训机构的工资。老师们就觉得很奇怪，怎么会给他们开那么高的工资？老师们的工资加起来是学生所缴纳学费的一倍，所以他们意识到我好像亏本了。我告诉他们，亏本算在我身上，等以后赚钱了我再拿，但是我不能亏待你们。就因为这样，老师们跟我一起拼命地教书，后来新东方越做越大，最后变成了一个大学校。当然，我赚了。这个时候，老师的工资也随之增长。”

上面这段话是俞敏洪2008年在武汉“名家论坛”上阐释自己的让利观念时所讲的。在一般人看来，给员工开那么高的工资不是疯了就是傻了，俞敏洪却不以为然。老师是新东方最宝贵的财富，是关键的竞争力，想要留住他们，除了形而上的梦想、追求外，还需要接地气的、实打实的经济利益。马云也说过：“员工离职的原因林林总总，只有两点最真实：一是钱，没给到位；二是心，委屈了。”

新东方分配股份的时候，俞敏洪一次性让出55%的股份——45%给了老师和管理者，10%留给将来的人才。新东方创办以来的十几年时间里，俞敏洪几乎没有往家里拿钱，所有新东方的产出，他都投入到新东方的建设中。表面上，俞敏洪把十几年的积累都分给了老师，他自己变得身无分文，但是随着新东方的做大，他还是得到了属于他的利益。

俞敏洪的“6个苹果”

有个企业家跟俞敏洪讲过他大学时一个故事：

企业家的班上有个富家子弟，每个星期都会带6个苹果来宿舍。几个室友以为是一人一个，结果是他自己一天吃一个。虽然苹果是他自己的，他有权利不给别人，但是从此给室友留下一个印象——这个人太自私。后来，这个企业家成功了，那个富家子弟没有成功，就想加入企业家的公司做事。大家商量一番还是决定拒绝他的加盟，原因很简单，这个人在大学的时候就没有体现过分享精神。

每当俞敏洪演讲时提到分享就会引用这个例子。这个简单的小事却透露出一个深刻的道理：如果你有一个苹果，你把它分成若干份，与他人共享，那么你就很有可能收到他人回赠的其他水果，也许是一个梨、一个香蕉、一个橘子，这样你品尝的味道就不再只是一种，重要的是还能收获若干朋友。当然，这只是分享精神的缩影，俞敏洪坚信与人分享的结果一定不会是白白付出。

俗话说“送人玫瑰，手留余香”，一份快乐与人分享，会变成两份快乐；一份痛苦与人分享，就会变成一人一半。分享精神就是这么神奇，感情、思想、财富都可以拿来分享，并且不会因为分享而减少。俞敏洪在北大做演讲时，就提倡大学生学会分享、懂得分享，要知道自私的人很难在这个社会上立足。

俞式沙龙

徐小平：您的让利观念是如何形成的？这样疯狂的让利是有意为之，还是鳄鱼的眼泪？

俞敏洪：我小的时候身体状况比较糟糕，一直害怕被其他小朋友欺负，心里就想找个法子笼络他们。当时农村都比较穷，也没什么特别好的东西“贿赂”他们。后来，我就想到了分发糖果的方法，把每年亲戚带来的糖果藏起来，然后一一分出去。久而久之，我就成了那一片的孩子王。也许，这就叫“吃人嘴短”吧，但是我的目的算是达到了，让利的观念也是在那个时候萌芽的。

修花园，还是建城堡？

上市以后，当然是我应该有一大笔钱了，一大笔股票还有一大笔财富了。这种结果有没有带给我一种由内而外的快乐呢，应该说完全没有过。

首先我对钱本身其实是不感兴趣的，其次就是我从1993年开始就算有钱了。我既不想买豪华游艇，也不想买私人飞机，更不想买海景豪宅，到现在还住在一个三居室的Apartment里面，我觉得住得还挺舒服的。在国外我为老婆、女儿买的也是一个小房子，空间不大但很温馨，我觉得这也挺好的。其实，人生有时仅需一杯水就够了，一杯水可以解渴，可以清心，可以映出我们快乐的笑脸。

——俞敏洪《财富不能带来由内而外的快乐》

俞敏洪去加拿大的维多利亚岛度假，会选择那里的两个景点，也是岛上最著名、最吸引人的景点，一座花园，一座城堡，一个透露着清新唯美，一个透露着沉重凄婉。在两处踟蹰的时间里，俞敏洪的心灵总能感受到异样的冲撞，仿佛从久远的年代传来一声声呢喃。

花园与城堡

世界著名的布查花园（The Butchart Gardens）和奎格达洛古堡（Craigdarroch Castle），吸引人的不仅仅是独特的景观，还有它们背后的故事。

布查花园位于维多利亚向北十几公里的山区，花园内几百种花草绿植芬芳馥郁，流连于此，常常让人忘却烦恼，忘却疲劳，刹那间，心情变得舒畅愉悦。游客到这里是带着朝圣的姿态去的，从那一花一草、千红万紫中聆听古老的故事。

布查花园旧址是一处废弃的水泥厂。布查夫妇在1904年建立这个水泥厂，由于当时整个北美工业对水泥的大量需求，夫妇的水泥厂规模也越开越大，积累的财富与日俱增。布查夫人除了对水泥感兴趣外，还对园艺情有独钟，在自己家的前前后后种满花卉。后来，采石场的石料开采穷尽，那里的荒山变得寸草不生，与四周蓊郁葱茏的群山形成鲜明对比。此刻，布查夫妇意识到他们子孙的未来不能只是盯着荒芜的山梁和凹陷的废矿，拥有的不能单单是金钱与荒废的记忆。热爱大自然的夫妇决定把挣来的钱还给大自然。

新的工程开始了，原来水泥厂的工人变成修建花园的园丁，一辆辆装载肥沃土壤的马车从遥远的地方来到这里，一株株美丽奇异的花苗树苗从世界各地汇聚于此。自此，凹陷的矿井变成幽美的花园。人们给它取了一个匹配的名字——幽深花园（The Sunken Garden）。后来，人们又把名字改为布查花园，用以纪念布查夫妇。

花园错落有致，四周是悬崖峭壁，由大量高耸的白杨环绕，据说是为了遮挡丑陋的水泥厂房，直到今天，人们来到这儿依然能透过枝丫的间隙看到背后比树还高的废弃的烟囱。人们也并不觉得烟囱难看，反而从它身上看到了过去那段无比美丽的故事，一个把原本毫无意义的废矿和财富变成意义非凡的、永恒的花园的故事。

相比之下，奎格达洛古堡的故事就复杂许多。奎格达洛古堡建成于1889年，由当时最富有的煤矿大王罗伯特·邓斯缪尔所建。罗伯特是一个典型的从穷光蛋一步步奋斗到最后成功的例子，从英格兰漂洋万里来到维多利亚，从小小煤矿工人，到矿厂小老板，到煤矿大王，到政府官员，一路拼搏的故事不可谓不让人感叹。

当然，积累财富的过程中也有不光彩的事，比如几百个煤矿工人死在矿井中。他共有八个女儿、两个儿子，过着令人称羡的富足生活。如果他一生就这么结束了，人们今天也就不会记得他，要知道，这个世界是不会长久记住有钱人的，活着的、更加有钱的人总会涌现。罗伯特有了钱，当然要想法花出去。于是，他打算在维多利亚的一座小山上建一座最壮观、最美丽的城堡，一家人住在里面，能够俯瞰整个维多利亚。

历时3年的辛苦，城堡顺利建成。1889年，正当一家人准备搬进壮观的城堡时，罗伯特不幸去世了，留下妻子和一大堆儿女。故事到这里还没有结束，罗伯特去世后，大儿子詹姆斯继承了父亲的产业，却跟母亲为财产打起官司，以至于母亲去世时，他差点没去参加葬礼。母亲去世后，整个家庭变得四分五裂，女儿们业已出嫁，最小的儿子年轻时就离世了，城堡里的家具连同城堡本身都被拍卖了。之后，二十几户人家住了进来，大城堡俨然成了集体宿舍。詹姆斯还算有钱，领着一大堆儿女搬到另外一个地方，不幸的是，他的两个儿子还没成家就去世了。

城堡的故事依然没有结束。后来，一个叫卡梅伦的人将城堡买到手，可惜最后也破了产，城堡被抵押给加拿大蒙特利尔银行，加拿大政府又从银行买回，之后做过军队医院，充当过维多利亚学院、维多利亚音乐学院。1959年，一个非营利性城堡博物馆学会开始对城堡进行保护和维修，并于1979年正式接管城堡。

追求财富是人类的天性，财富本身是中性的，不善不恶，关键是拥有者如何使用。布查夫妇可以把财富用来造福后代，为子孙留下一片美丽的天地；罗伯特赚得钱更多，然而身后留下的除了破旧不堪的城堡，就是黯淡凄惨的回忆。罗伯特其实可以做得更好，把钱拿去做更多更好的事情，比如也修一个漂亮的花园，或者捐建一所世界闻名的大学，像美国的杜克大学（Duke University），就是烟草大王杜克捐款建造的。两个故事，两种结局，为后人带去两种不同的启示。当你从无比美丽的布查花园来到阴暗高大的奎格达洛古堡时，你会有黑云压城的窒息感，你会突然觉得原来财富是如此的沉重，以至于它会压垮几代人，压垮人的想象力，压垮人品与人格。

追求财富是伟大而崇高的，很难想象一个人以穷困为骄傲，一个国家以积贫积弱自豪，那将是一种病态。有人或许说：我活着只要为自己就好，我自己快乐幸福，哪管别人怎么样。当然，这是每一个人的权利。但如果我们能在让自己快乐幸福的同时，又能让别人也快乐幸福，让我们的子子孙孙都快乐幸福，岂不更好？

两个肩头，两份责任

在俞敏洪心中，企业的社会责任分成两份。第一份是企业本身的社会责任，是不是只以赚钱为目的，有没有违法违规操作。以新东方为例，它既没有污染环境，也没有违法乱纪，对学员的教育和培训，尽管短暂，甚至肤浅，但是至少没有一个学生是因为上了新东方的课程而堕落的。第二份是在完成自身社会责任的同时，愿不愿意扶贫济困，是不是热衷于公益。

理论上讲，一个企业合法经营，为国家纳税，增加就业机会，它的良性循环系统基本算是完成了，即使不去捐款也无可厚非。不过，俞敏洪不这么认为。当企业完成第一份社会责任后，第二份就显得格外重要。因为这个世界并不完美，任何一个国家、一个地区都存在不同程度的贫困，还有形形色色的、被疏忽的弱势群体，加上人类不可抵御的自然灾害，慈善公益就变得格外有意义。

“5·12”汶川大地震时，俞敏洪于最短时间内制订集团公司社会捐赠计划，当时新东方对于抗震救灾的捐款总数达到了1500万人民币，这个数额对于营业规模只是亿数的新东方来说实属难得。灾区各地捐建的抗震希望学校为一个个饱经灾难的少年送去新生的希望。

俞敏洪生于贫困家庭，求学、创业的路充满艰辛，所以他更懂得弱势人群的痛苦。成功后，他对社会的回报和希望也更加热切，尽最大的力量去帮助社会上那些需要帮助的人，已经成为他的一种使命，促使他自觉地献身于教育慈善工作。

俞式沙龙

《中国慈善家》：您是什么时候开始有了使命感?

俞敏洪：一开始做新东方的时候，很难说那是一种使命感，无非就是性命状态、生命状态，因为目的很纯粹，就是为了钱。但是当做到公司上市时，使命感自然产生了。为什么？一个人一旦酒足饭饱后，哲学思想就会冒头，即使是烂醉如泥的酒鬼也会问，我活着到底是为了什么？想得通的人第二天除了吃饭喝酒外，还会去做一些有意义的事；而想不通的人第二天继续吃饭喝酒，一天天重复。我就属于想得通的人。

第5章

一辈子的事

永葆年轻的梦想

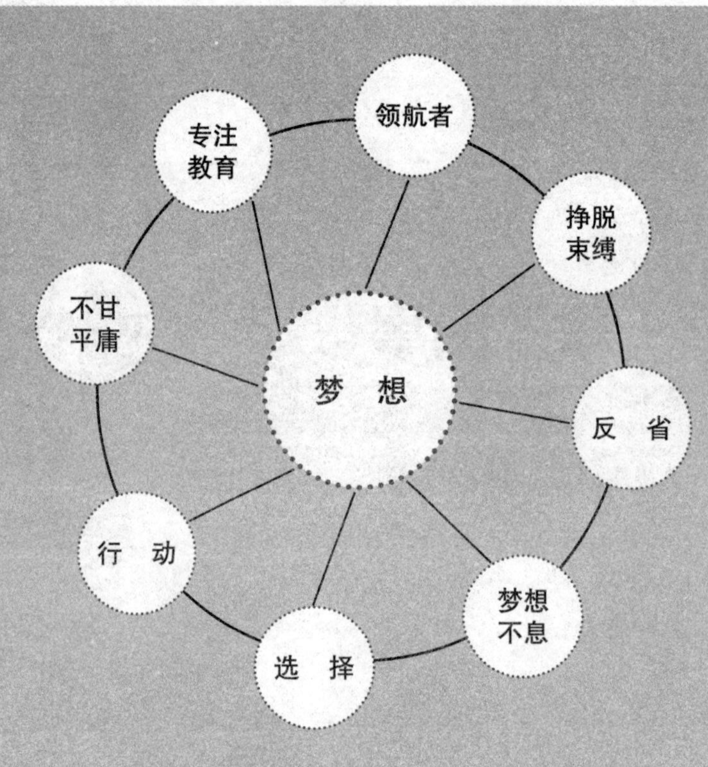
领航者
专注
教育
挣脱
束缚
不甘
平庸
梦 想
反 省
行 动
梦想
不息
选 择

敢问梦在何方

有很多媒体记者在采访我的时候都会问一个同样的问题：新东方的未来是什么？新东方打算走向何方？

坦率地说这是一个不好回答的问题，我也从来没有明确的答案。很多人都以为我雄才大略、胸有成竹，而实际上我常常是捉襟见肘，十分狼狈。新东方从过去走到现在，一直是顺其自然发展而已，我从来没有设计过它的未来，更加没有五年计划之类的东西。

商业世界瞬息万变，我觉得制订了计划也不一定管用。但有一点我是可以肯定的，即从新东方诞生的那一天起，我就知道新东方永远不会做教育之外的东西。如果说得好听点叫专注，如果说得直白点就是别的东西我不懂，所以也不愿意去碰。

——2008年俞敏洪在新东方成立十五周年庆典上的讲话

有人梦想，能像蜘蛛侠、蝙蝠侠、超人那样惩奸扬善，而后受人敬仰，这是一个英雄梦；有人梦想，成为演员、歌手、主持人，能享受万众瞩目的荣耀，这是一个明星梦；有人梦想，结一间茅草屋，于无人烟的山涧中闻风听雨，这是一个隐士梦；有人梦想，变成世界富豪，“数钱数到手抽筋”，走在大街上想买什么买什么，这是一个财富梦……

对于俞敏洪来说，心中有一个教育梦，那是一辈子的梦。

一辈子的约定——专注教育

2008年11月12日，北京大学百年纪念讲堂。新东方教育集团成立十五周年庆典，员工代表、高管、股东、学员等共两百多人会聚一堂，一同纪念这个意义非凡的时刻。

俞敏洪在致辞中说：“新东方经过15年奋斗走到了今天，我从来没有想到新东方能走到今天。”他讲到，新东方之所以能取得成功，归根结底是抓住了两件事：第一，做正确的事情；第二，做正确的人。俞敏洪重述了自己的事业原则：“新东方从来没有把赚钱当作最终目标，新东方的目标是让人的生命变得更伟大，让人变得更幸福，所以我相信新东方的未来会走得更远。而我这辈子可能再也离不开新东方了，我生命的最高境界，就是在新东方。”

2008年，是喜忧参半的一年。有辉煌的北京奥运会，有神舟七号飞天和太空行走，这些让我们激动；也有百年不遇的地震、雪灾，让我们在灾难面前众志成城；当然也有令人丧气的三鹿奶粉事件。俞敏洪和新东方感触到的压力更大，有外部的同行压力，也有内部员工的担心和质疑。然而，俞敏洪给新东方的定义仍然是教育，不论将来在技术和产品上如何突破，新东方始终围绕教育产业布局，这是俞敏洪一辈子的梦，这才过了15年而已。

曾经有人建议俞敏洪去投资房地产，事实上，他具有这样的财力和能力。新东方一度持有的现金规模甚至比一些大型房地产公司还要多得多，跟房地产行业相比，俞敏洪的教育领域的确利润很低，面对绝佳的投资机会，他仍然保有不变的心。对此，俞敏洪说过：“我10年前就给自己定位要做好教育。既然有了这个定位，跟教育不相关的我就不做，我也做过房地产，但都是与教育相关的。如果我做房地产也一定能够成功，但是或许不大可能有新东方的上市。”

俞敏洪强调，他和新东方的资源、精力都是有限的，能把所有的精力投入到一件事上，把它做深、做透、做长久已经不容易了，遑论去做与中心点无关的事？

教育事业不仅是俞敏洪的梦想，更是他引以为豪的事。新东方是一个独一无二的教育集团，市场上教育培训机构很多，但是没有一个可以与新东方相提并论。新东方的企业价值、品牌形象、核心竞争力和产业方向都与他的梦想融为一体，在新东方做事，俞敏洪从不会觉得无聊、劳累。这就是梦想的力量。

专注的好处

俞敏洪上学的时候，教科书只是薄薄的几本，其他书籍更是匮乏得很，他只好把这几本教科书翻来覆去地读、研究，甚至还用报纸把书皮包起来，最后书页都翻烂了，书皮和整本书还是新的。因为他只能背诵教科书里的文章，所以像《小英雄雨来》《谁是最可爱的人》，乃至《阿Q正传》都背得滚瓜烂熟，直到今天回想起来，还能背诵几句。联想到古人，他们的教科书无非是儒家经典，从小背着四书五经，虽然狭隘刻板，但凡是背诵过的人都能一辈子引经据典、出口成章，也成就了苏轼、王安石这样的大文豪。

今天，学子们需要学习的不只有语文，还有英语、数学、物理、化学等学科，知识面是比古人广了许多，但是从熟能生巧和终生受用方面去看，已经远远不及古人了。因为大部分学子们是为了考试而学习，考完试就把学的忘记了，学习的目的只是取得一块敲门砖罢了。

大学生涯里，俞敏洪把读书当作百米冲刺一样，读了一本又一本。同学间比较的不是书读得有多深，而是看谁看的书更多，甚至最后只要说出书名、作者就像取得胜利了一样。有时候，俞敏洪会后悔当初读书读得太浅，没有真正深读、精读。林肯的床头一辈子只放《圣经》和莎士比亚的书。在泛读的同时，应该结合精读，甚至背诵，真正达到心领神会的地步。

现今社会，人们的选择越来越多，有利也有弊，利的方面是机会多，弊的方面是人们不再专心。三心二意、见风使舵的结果是迷失方向、迷失人心。有个家长来咨询俞敏洪，他的孩子上大学不知道学什么专业，前后已经换两个专业了，对此，俞敏洪的建议是在一个专业里待下去，先把它学好、学精，再去讨论喜欢不喜欢的问题。如果一直纠结着喜欢不喜欢、适合不适合，可能大学4年一晃眼就过去了；人的一生时光这么纠结着，一辈子也就过去了。在俞敏洪那个时代，上大学的专业都是国家分配，不学也得学，结果，每个人都尝试着去喜欢自己所学的，后来，不也出现了许多专业领域的人才吗？正像丘吉尔所说："一个人不在于他喜欢做什么，而在于学会喜欢正在做的事情。"

故而，做任何一件事想要做出成果来，除了付出巨大的努力外，还需要足够的专注度，不能说今天做这个、明天忙那个，一旦你的行动出现了摇摆，付出的诸多努力都会大打折扣。我们都知道小小的金刚石能划破坚硬的玻璃，正是因为它的力量都集中在一点上；兵法中也强调集中兵力于一点突破，比分散兵力突围更有效；这些都是专注度的意义。

一个人有了梦想，就要朝着梦想前进，与梦想无关的路径不要迈入，不管那里有多么诱人的景、物、人。我们一辈子拥有的时间不是无限的，我们能够做的事情也不是无限的。在我们探索世界、涉猎群书、追寻梦想的同时，让自己专注一点，一心一意读懂一册书，一心一意爱上一个人，一心一意做好一件事，一心一意编织一席梦。

俞式沙龙

徐小平：如今的教育领域变得更加广阔，商业模式和经营模式今非昔比，您对新东方的定位是什么？将来会不会有大的改变？

俞敏洪：新东方的校训是"语言的力量"，我给新东方的定位就是"垫脚石"，为那些想要学好英语、学好语言、提高成绩的人充当垫脚石，在新东方，他们可以放飞梦想。

未来是什么样子我不能打包票，但是新东方一定会在教育领域里风雨兼程、勇往直前，我坚信只要方向是对的，即便道路再曲折，我也不会放弃这一条宗旨。新东方的未来就是让千千万万的人拥有更好的未来。

不想当头羊的领导不是好领导

Education这个词到底把人们引向何方？我始终希望在新东方确立的一个信念就是：新东方是引领中国教育走向优秀的一个教育机构，而又不仅仅是一个教育机构。引领中国教育走向优秀意味着优秀的教育使一个人优秀，也使一代人更加优秀。

新东方每年接收近60万学员，每年60万意味着10年就是600万。如果我们能使60万学员都变得相对优秀，就意味着能使一个民族相对优秀。新东方还通过其他各种各样的方式来影响学生，比如图书、期刊出版。

我希望在座的所有老师能够牢记，当你在课堂上教课的时候，或者当你出书写文章的时候，你要保证你的影响是正面的、积极的。通过这种潜移默化的影响，新东方应该能够成为使中华民族变得更加优秀的一个机构，这就是我们的信念。

——2004年俞敏洪对新东方管理层的讲话

墙角那堆散乱的砖头

父亲的言传身教对俞敏洪的影响可以说是一生的，很多小时候看上去极其普通的事，长大后就会发现它是那么富有深意。其中有一件事让他到今天还记忆犹新。

父亲是个木工，经常帮别人搭建房子，每次在外回来都会把别人废弃不用的碎砖碎瓦捡回来，或是一两块，或是七八块，即使路边看到的砖头、石块，父亲也不“放过”。久而久之，院子中就堆起一个谷堆状的砖头垛。当时，俞敏洪也不知道父亲捡这些“垃圾”回来做什么。

某一天，父亲在院子的一角空地，开沟挖槽，和泥砌墙。那些砖头、瓦片、石块被父亲左拼右凑，一间四四方方、干干净净的小房子拔地而起，与自家的院子相映成趣。接着，父亲把那些散养的猪、羊赶进小房子，又把院子打扫干净。自此，俞家就有了一个全村人羡慕的院子和猪舍。

目睹父亲的惊人手艺，俞敏洪除了多些与小伙伴吹牛的资本，继续过着贫困而不失快乐的农村生活，其他并没有多想什么。直到长大以后，俞敏洪才发现父亲做这件事对他的深刻影响。一块砖头没什么用，一堆砖头依然毫无用途，如果你心中没有建造房子的梦想，即便拥有全天下的砖头，它们都还是一堆废物；但是空有建房子的梦想，而没有砖头，梦想也无法实现。小时候，家里穷得几乎饭都吃不上，自然是没有多余的钱去购买砖头瓦片，但是父亲没有放弃建房子的梦想，日复一日地捡砖头瓦块，终究有了足够的砖头去造心中的房子。

这件事蕴含的精神一直激励着俞敏洪。每当做一件事时，他都会先问自己两个问题：第一，做这件事的目的是什么，因为盲目地去捡一堆砖头却不知道自己要做什么，无疑是在浪费生命；第二，需要多少努力来达成这件事，也就是需要捡多少砖头才能堆砌心中的房子。解决好这两个问题，剩下的就是耐心，毕竟捡砖头不是一天两天能捡够的。

以俞敏洪做新东方为例，目标或者说梦想，就是把它做成全中国最好的英语培训机构，最好能做行业的领航者。为了这个梦想，他坚持每天给学生上六到十个小时的课，一些老师坚持不了，放弃了，俞敏洪没有，十几年如一日地坚持着。直到今天，他还为那栋心中的房子捡着形形色色的砖头瓦块。

引领中国教育走向优秀

俞敏洪给新东方的定位是：引领中国教育的未来，培养新东方所有的学生变得更加优秀，使得中华民族更加优秀。这是他的宏伟目标，也是他的远大理想。

他的梦想始终围绕着教育展开。从一开始创业，新东方的教学内容、形式，就跟传统的教育弊端划清界限。公司向每一位教师强调新东方教育的导向、使命、梦想，不能认同的只能离开。

新东方的第一批教师，大部分有中外教育结合的背景。这些海归教师新颖、开放的教学方式使那些一直接受传统教育的学生有了新的眼界。俞敏洪一直强调教学方式的革新，要求教师在课堂上最大限度地调动学生，激发学生接受新的教育方式。这一做法，不但提高学生对西方教育的认知水平，也让新东方有了较好的声誉——新东方是一个让学生掌握语言、学习优秀文明成果以及促进中西文化交流的良好机构。

随着新东方规模的不断扩大，俞敏洪对自己的使命和梦想更加坚定。即便是2007年新东方股价连翻5倍时，他仍然冷静地说："财富不是新东方人的第一追求，我们的最高目标是，通过教育和教育产品的开发，对新教育模式的探索，为中国未来的教育打开道路，从而引领中国的教育行业走向优秀。"

多年来，俞敏洪还有一个小小的梦想，就是办一个私立的人文大学，学科科目不要太多，规模不要太大，人数不用太多，但是教授老师一定要全世界最优秀的，他希望这所学校能像哈佛、耶鲁那样成为世界闻名的百年大学，他更是想通过这所大学承载自己的教育梦想。

领头羊效应

俞敏洪提倡学习阶段要"宁为牛后，不为鸡头"，意思是多跟着牛人学习；但是成功后要"宁为鸡头，不为牛后"，意思是要有自己的梦想、远见。这就能解释为什么俞敏洪把“引领中国教育走向优秀”作为新东方的目标以及自己的梦想。

企业管理中有一个名词叫“羊群效应”，也叫从众效应。简单来说，就是领头羊到哪里吃草，整个羊群也到哪里吃草，商人做生意也会事先寻找一个风向标。不过，还有另外一个名词——领头羊效应。首先，来看一下什么是领头羊。

领头羊，说到底就是一个领导者，羊群心甘情愿地跟着它走。领头羊肩负着前方开路的责任，不论是陷阱还是岔路口，它都得凭自己的经验去抉择。领头羊对羊群的领导作用，靠的是其他羊对它的信任。领头羊的诞生是羊群优胜劣汰的结果，所以它天生就具有崇高无上的权威，必定是最壮硕、奔跑速度最快、感官最敏锐的那只羊。最后一点，领头羊要去什么地方，怎么去，都是它自己琢磨的，必定不与其他羊商量，也不用顾及羊群奔跑中的情况。

我们可以看出，领头羊就是指某一行业战略性的领导者。拿破仑·波拿巴说过：“不愿做将军的士兵不是好士兵。”不愿做行业领头羊的领导也不是一个好领导，俞敏洪的梦想就是做教育界的领头羊，带领中国教育往前迈进。

不管是一个人、一个企业，还是一个民族、一个国家，都应该有这种领头羊精神，有“独领风骚”的梦想。金字塔如果拆开来，只是一大堆散乱的石块，如果人们没有修建金字塔的梦想，世上就不会出现金字塔。当你把追寻梦想的努力凝聚到每一天，散乱的日子就会慢慢积成生命的永恒。

俞式沙龙

杨澜：新东方的价值取向是什么？

俞敏洪：引领中国教育的未来，培养所有的新东方学生变得更加优秀，使得中华民族更加优秀。

杨澜：您最近一直都在忙办私立大学的事，您觉得办大学的教育理念有什么不一样吗？

俞敏洪：其实，我非常推崇蔡元培“兼容并包，思想自由”的理念。我希望能从经济条件和上层建筑两个方面吸引全世界最好的教授，创办一个有自己独立思想的大学。也许，新东方在未来会走向没落，新东方的模式会被大家遗忘，但是我的大学梦想、新东方的人文精神还是会被一代代人传承下去。

戴镣铐的舞者

每个人都渴望生命能够像海水一样没有障碍地奔腾流动，和蓝天相接；每个人都渴望生命像风一样在天空中自由自在地飘过，除了带走白云，没有一丝牵挂。没有人希望自己的生命受到束缚，就像没有任何动物愿意被关在笼子里一样。人的一生都是为了挣脱某种束缚而努力的过程，这一过程使人的生命变得丰富多彩、充满机遇，使人在奋斗中咀嚼失败、品味成功。

——俞敏洪《挣脱生命的束缚》

俞敏洪碰到过一个叫左力的学生。左力从小失聪，无声的世界陪伴着他成长，但是他梦想着能像正常人一样生活。他通过自己的努力一直读到大学。慢慢地，左力训练出了读唇语的能力，可以跟普通人一样坐在大学教室里上课。后来，他准备到国外最好的大学读书，希望能学会唇读英语。

俞敏洪把左力这样的人称作戴着镣铐跳出最美舞蹈的人，正如信乐团演唱的《海阔天空》里的歌词："海阔天空在勇敢以后，要拿执着将命运的锁打破，冷漠的人，谢谢你们曾经看轻我，让我不低头更精彩地活。"人一辈子总是被某些东西束缚，不管是物质上的贫苦还是社会地位的低微，不管是宗教传统还是风俗习惯，生命正是在这些束缚中跳出优美舞蹈的过程。

每个人心中都住着四个小鬼

追逐梦想的道路上总会有许多束缚。为什么挣脱束缚这么难，仿佛一切力量都在把我们按在原地？因为人心中存在着魑魅魍魉四个小鬼，它们就是束缚的根源。

魑——对梦想的恐惧

这个小鬼你一定见过，它就躲在黑暗的角落，每当你开始追梦的时候，它就会把你拉回原地，在你脑后嘟囔着“别乱想啦，别乱想啦”。你会从很多地方听过这种声音，是的，这个小鬼能模仿不同人的声音，可以是你的朋友，可以是你的家人。有时，它还能幻化成某种现实场景，正襟危坐地告诉你：别瞎想，你，不可能！

还记得我们小时候，那是一个做梦的时代，从来不怕自己的梦想被耻笑、被打压；随着我们成长，小鬼也越来越大，直到一天，它比你的梦想还强壮，化作巨大的绳索将你困在现实里。

不过，不要怕，这个世上有战胜它的人存在。飞上天空的莱特兄弟、登上月球的阿姆斯特朗、创建互联网的第一代精英们，21世纪的大多数东西都是上世纪人们认为毫无可能的，当你使用手机、平板电脑、数码相机的时候，别忘了告诉自己，它们都是梦想战胜束缚的体现。

魅——对失败的恐惧

这个小鬼与上一个不同，它主要待在你的心里。每当你追寻梦想，准备开始新生活时，它就会敲你的心门，告诉你：别开玩笑了！别去丢人现眼了！

很多人因为某件事物不够完美就迟迟不行动，脑子构建着若干完美的方案，但是不敢写出来，更别提去做。纵然你有宏图大志，如果不愿意动手去做，又有何意义可言呢？谁的梦想都很完美，然而现实并不完美，梦想往往在你畏畏缩缩的时候越飘越远。

所以，完美主义是这个小鬼最大的武器。比尔·盖茨的梦想是让世界上每台电脑都装上自己的软件，但是他最初只央求IBM可以安装自己软件，即使是一小部分客户端使用也好。试想一下，如果比尔一开始就要直达梦想，或许今天他还只是一个“码农”。

打败第二个小鬼的方法很简单，尽快行动起来，不要害怕失败，一点一点向梦想靠近。

魍——对改变的恐惧

这个小鬼比前两个都阴险，它最常用的手段就是借助他人的力量——往往是你最亲近的人劝阻你说：“我们是为你好……”

当你开始追逐梦想，并且成果慢慢显现时，周遭的人会比你更害怕：“那太危险了，你还是快回来吧。”“这怎么是女孩子做的，你别干了。”“当初安安稳稳的日子多好啊。”当你的改变给周围的人带去压力时，他们就希望把你拉回原位，说是为你考虑，实际上多是怕你脱离他们的掌控。

如果你碰到的是这个小鬼，只要记得一点：当你身边的人惶恐不安，纷纷拦着你时，就证明你开始要变得强大。只有人们无法控制某件事物时，才会拼命地想让它保持原样。

爱因斯坦的相对论曾承受6年多的非议。如果对梦想更坚定一些，你还会害怕改变吗?

魉——对幸福的恐惧

最后一个小鬼会在你离梦想最近的时候出现。对这个小鬼不能轻视，它亦有强大的力量。

很多热恋中的人都有这样的体验——当二人突破重重考验，终于幸福地在一起时，内心的恐惧就会出现：这种感觉太棒了，我们能一直这样下去吗?

当你越来越接近梦想时，你的幸福感会越来越浓，而恐惧也可能会出现：我真的能实现梦想吗？于是，你开始收集幸福会消失的证据。当一个个证据被你发现时，幸福就真的开始离你而去。一度接近的梦想又远离了，多么可惜。

为什么会有这种恐惧呢？其实，就是因为人们总觉得自己“没有资格”

这么快乐、幸福。很多时候，我们缺少的不是幸福，不是梦想，而是感受幸福、感受梦想的能力。

有人问禅师：“什么是禅？”禅师答：“吃饭时吃饭，喝水时喝水。”此人不明：“世间的人不都这样吗？”禅师解释：“世人吃饭时不吃饭，喝水时不喝水，怎能称禅？”

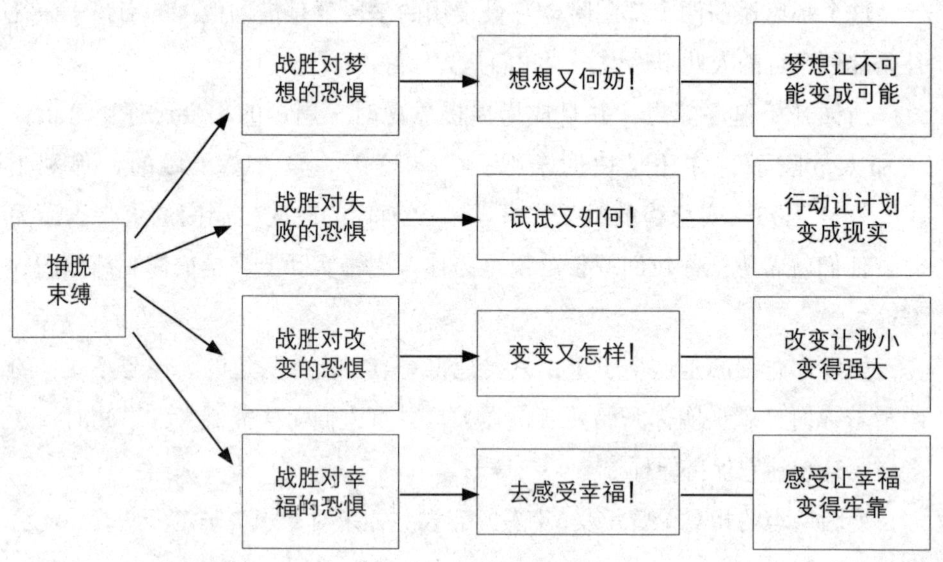

⊙ 成长不应该被框起来，毕竟不是每个人都能成功“越狱”。

道理很简单，该做什么的时候做什么，不胡思乱想，有颗专注的心。当你不再对幸福产生恐惧时，也就是达成梦想的时候，也就是你打破束缚的时候。

不要给自己的成长设定界限

俞敏洪说过：“永远不要对你的未来做出预测。”一棵小杨树10年后会成一棵大树，但我们知道它一定不会变成松树；一只小狗10年后会成为老狗，但是决不会长成狮子。可是，对于我们人类来说，无法做出类似的预测，我们能预测一个人长大、变老，却没有办法预见他的成长，因为一个人的成长是没有界限的。

世上不缺乏有梦想的人，但是缺乏敢于追逐梦想的人，敢于追梦的人不会给自己的成长设定界限。成长没了界限，梦想就没了束缚，人就能像蝴蝶一样破茧而出，舒展斑斓的翅膀，飞向无际的苍穹。

与其说人是为了理想、为了梦想而努力，还不如说是为了挣脱不同的束缚而努力。谁都经历过青春期，那段时间的叛逆、任性正是我们对这个世界束缚的抗争，不管是家长、学校的管教，还是条条框框的规矩，其实都是生命想要挣脱束缚的表现。

“生命诚可贵，爱情价更高。若为自由故，二者皆可抛。”裴多菲的这首诗最能表现这种心理。这个世界上没有人是不喜欢自由而喜欢被奴役、被束缚的，那种感觉只能让人窒息。所以，我们有了目标、梦想，希望通过我们的智慧和耐心去摆脱社会的束缚，以达到自由状态。或许我们自己也不知道真正的自由状态是什么，也许它本身就是虚幻的，但是，能争取达到那种状态也是丰富生命的过程。

蛹待在重重包围的茧里，虽然昏暗无光，但是它不在乎，因为有化蝶的梦想，也有破茧的勇气；蜗牛背着重重的壳，曾几何时，它也想像蝴蝶一样飞上蓝天、自由翱翔，可惜它怕异样的眼光，只好拖着壳艰难蠕行。

风筝被线牵着，虽然也能迎风飘扬，但是总觉得不自在，明明有飞向远方的梦想，却只能被地面的人拉来扯去；河水被高山挡住，不管自己怎么使劲冲，最后都被反击得粉碎，但为了奔向大海的梦想，它选择绕行，经过九曲十八弯，终于汇入蔚蓝的海洋。

生命因梦想而变得伟大，正是它的存在，生命才能一次次地到达巅峰。可惜，生命又有太多的束缚，束缚你前行，束缚你思考，束缚你抉择，当束缚力大于你追逐梦想的力量时，梦想就真的成了梦，梦一般的虚幻，梦一般的虚伪，生命也将变得暗淡。

梦想不等于妄想，它是美好的存在，是激发生命昂扬不息的动力。正如俞敏洪所说：“人的一生都是为了挣脱某种束缚而努力的过程，这一过程使人的生命变得丰富多彩、充满机遇，使人在奋斗中咀嚼失败、品味成功。”当生命挣脱了束缚，才是它即将迈向辉煌的时刻。

俞式沙龙

杜雯雯：这个社会很现实，吃饭你得用餐具，出行你得用交通工具，结婚你得有房子，谈恋爱你得有票子。在这样的状况下，您还大谈梦想会不会显得不合时宜，或者是空谈呢？

俞敏洪：这个社会给我们每个人添加的束缚已经足够多了，但是你不能说有了这些束缚，我不活了，或者说我不想活得有品质了。梦想的意义不是说让你脱离现实，而是让你有一个升华的过程，让你能从一个现实跳到更高层次的现实。

“屌丝”论

中国一个著名的企业家万象集团的鲁冠球，我不知道大家听说过没有。他是一个纯粹的农民出身的企业家，他的企业在他那一代企业中几乎是唯一的经营了三四十年的企业。后来媒体记者采访他时问道：“你为什么能够做得那么成功？”他说了9个字：“有目标、沉住气、悄悄干。”他把一个人做事情做成功的心态和方法用这9个字全部说尽了。

有目标，进艰难，退艰难。在你有了目标以后，你知道进一定是实现目标的快乐，退一定是失败者的痛苦。我觉得沉住气有三个，叫作有信念、有激情、有耐心。这个悄悄干在我心中是个什么概念？我把它叫作不浮躁、不张扬，不到处渲染，你到处渲染、到处张扬以后，是很难把事情干成的。因为你还没干呢，人们就知道你想干的事情，跟你做对的人就已经开始想办法，给你设各种各样的机关，想办法让你干不成。

——2008年6月俞敏洪在央视《我们》栏目中谈大学生就业

平凡，不平庸

有个年轻人觉得自己怀才不遇，在大海边的沙滩上游荡，正好有位老人路过，看着眼前这个魂不守舍的小伙子，就问他怎么了。年轻人把自己的遭遇告诉了老人，老人随即捏起一粒沙子扔在沙滩上，说：“请把它找出来。”年轻人大惊失色，声称这是不可能的。老人又把一颗珍珠扔在沙滩上，并提出同样的要求。年轻人恍然大悟，沙子之于沙滩和珍珠之于沙滩的区别，这是多么简单的道理。

这个年轻人就是年轻时候的俞敏洪，这个老人是现在的俞敏洪。曾经的自己也是一个怨天尤人的小愤青，随着年龄的增长，他慢慢明白了：当你是一粒沙子的时候，你凭什么让别人认可你、尊重你？芸芸众生，大家能记住的往往是那些不平凡的人，那些有突出特色、有突出能力、有突出贡献的人，至于平庸之辈，只会埋没在滚滚黄沙之中。

何谓成功？唯不甘平庸的心

俞敏洪从小有一种感觉，希望能穿越地平线到远方去，他把这个称为“穿越地平线的渴望”，这也是他最初的梦想。

明朝晚期，江苏江阴出了一个伟大的旅行家——徐霞客，俞敏洪亲切地称他为邻居，因为他也是江阴人。地方上有个名人对青少年是有巨大影响的，俞敏洪就把徐霞客作为自己的偶像，梦想自己也能像他一样走遍中国南北。所以，当俞敏洪坐在长江边上看日出日落时，他就坚定了走出农村的目标。当时，想走出农村只有考上大学，只有考上大学才能由农村户口变为城市户口，而只有成为城里人才能四处游走，农村人是被固定在土地上的。也是因为徐霞客的榜样作用，才使得俞敏洪有连考三次高考的勇气和决心。另外一个好处是，这使他地理学得很好，有次高考地理成绩为97分。

大学的时候，俞敏洪曾经怀揣着100元钱，走到了泰山，走到了黄山，走到了九华山，走到了庐山。他一边走一边帮路途中的农家干活。走到九华山的时候发现自己没钱了，就住在一个农户家中。那个农民在猪圈边上给俞敏洪支了个铺位，晚上收他1元钱。当时俞敏洪口袋里只有10元钱。第二天早上的时候，俞敏洪就跟着他下地干活，插了一天秧，结果俞敏洪插了三分之二，那个农民只插了三分之一。他问俞敏洪怎么能插得那么快，俞敏洪说自己祖祖辈辈都是农民，自己从小就开始插秧。晚间，农民杀了一只鸡和俞敏洪一起喝酒。翌日清晨离开的时候，农民居然还塞给俞敏洪10元钱，说是给他当路费。

徐霞客带给俞敏洪的不仅仅是穿越地平线的梦想，更多的是给他树立了人生梦想的信念，不断翻越高山、不断跨越河川的信念，以及不甘平庸的信念。徐霞客的足迹遍及中国南北，俞敏洪就要走遍世界，现在他也在慢慢实现这个梦想。

俞敏洪说："成长的路上，我们应该拥有平凡的心态，但是绝不能拥有一颗平凡的心。平凡的心态意味着淡定、不计较，将是非成败皆视若过眼云烟。用平凡的心态去对待现实，我们就能进退自如。但平凡的心态不等于甘于平庸，不等于意志消沉。平凡的心态是一种敢于担当的勇气——敢于担当成功，也敢于担当失败。但同时，我们的心必须是伟大的。心有多大，天地就有多大，所以，我们必须志存高远。"一个人的梦想可以是模糊的，至少它能把你带去远方，当你有穿越地平线的欲望，有毫不犹豫从一座山峰爬向另一座山峰的企求时，就说明你的内心已经充满力量，你必将与平庸划清界限，逐步迈向辉煌。

生命是一种过程，事业是一种结果。俞敏洪很欣赏这句话。我们知道，假如俞敏洪把新东方做失败了，他也就无法到处为年轻人做演讲，也就无法实现他的教育梦想了。但俞敏洪是成功的，因为新东方这个结果放在那儿。所以，任何事情正在做的时候是不能算成功的。俞敏洪之所以是成功的，在于他有一个成功的心态，曾经摔倒千万次，未来还可能摔倒千万次，他依然能爬起来，就是因为他有一颗不甘平庸的心。

"屌丝"VS精英

近几年来，有的人不再崇尚精英的生活，开始羡慕所谓"屌丝"的"自在"。"屌丝"的特征有很多，比如经济条件不高，样貌一般或丑陋，不思进取、安于现状等，不以穷困潦倒为耻，甚至拿自己的劣势自嘲，声称"我是‘屌丝’我骄傲”。

一个人，不论他聪明与否、智商高低，只要付出足够的努力，把本职的事情做到极致，他就已经脱离“屌丝”，而成为精英。比如《舌尖上的中国》里介绍的拉面师傅、做馍馍的老汉，他们从事的是自己喜爱的工作，并且认认真真、踏踏实实把美食做到最好，他们就是精英。为什么有的人以“屌丝”自居，并引以为傲呢？说到底就是给自身的懈怠、堕落、平庸寻找理由罢了，以为自己有什么劣势、有什么困难就该萎靡不振、自怨自艾。

有位音乐人，当他已经是远近闻名的演奏家时，在街头偶遇10年前一起流浪演奏的伙伴，原来他还在以前那块最赚钱的地段演奏。伙伴见到那位音乐人分外激动，忙问他现在在哪里演奏。他说是一个很有名的音乐厅。那个伙伴高兴地说：“那个音乐厅的门口好赚钱吗？”

10年前的伙伴不知道，那位音乐人已经不再是流浪演奏家，而是音乐厅内的知名演奏家。那块看似“最赚钱的地段”实际上充当了“风平浪静的港湾”，安逸有余，却毫无前程。这个伙伴没有意识到自己的才华和潜力已经逐渐被这“最赚钱的地段”消耗和葬送掉。他跟那位音乐人在技艺上并不存在明显的差距，但是人家不甘于平庸，他却宁愿做一名“屌丝”。

井底之蛙永远不会知道飞鸟的愉悦，山涧清流永远不会懂得汪洋的澎湃，墙角碎石永远不会体验沙漠的狂野，山后智叟永远不会明白愚公的豪迈。

生命因拒绝平庸而变得伟大，人类因怀有梦想而走向成功。迷惘与自卑谁都会经历，恐惧与逃避谁都曾经有过，但我们不能把这些当作甘于平庸的借口，更不能成为祭奠失意的苦酒。

俞式沙龙

有些人一辈子不知不觉、糊里糊涂地过完，等到他们后悔的时候，生命里已经有了太多太多的遗憾，无法弥补，无法回头。为了不虚度此生，我们应该趁着年轻创造一些令自己感动的日子，而不是挥霍青春。

什么日子是令人感动的？我觉得是我们充分意识到人生的最终价值，并从此坚守这些价值的那天。在向目标、向梦想前进的时候，必定能创造令人感动的日子。

——俞敏洪

梦想沤坏了

要实现梦想，能否果断地采取行动就变得非常重要。行动才是最强大的力量。有一个学生曾经说，他以后想走遍全世界，要成为像徐霞客、马可·波罗那样的旅行家和冒险家，要去感受大海那一望无际的壮阔，体会沙漠那高低起伏的雄浑，探索那落日下尼罗河畔金字塔的奥秘，追寻那云雾中喜马拉雅山峰顶的神圣。但他又说现在还没有钱，要等到成了百万富翁以后再去做这些事情。我问了他两个问题：一是如果这辈子没有成为百万富翁还去不去旅行？二是如果成为百万富翁的时候已经老得走不动路了还去不去旅行？我告诉他，最好的办法就是现在就上路，拿根棍子拿只碗，一路要饭也能实现自己的梦想。梦想是不能等待的，尤其不能以实现另外一个条件为前提。很多人正是因为陷入了要做这个就必须先做那个的思维定式，最后一辈子在原地转圈，生活里再也没有过精彩。

——俞敏洪《生命如一泓清水》

走四方路迢迢水长长
迷迷茫茫一村又一庄
看斜阳落下去又回来
地不老天不荒岁月长又长
走四方路迢迢水长长
迷迷茫茫一村又一庄

看斜阳落下去又回来
地不老天不荒岁月长又长
一路走一路望一路黄昏依然
一个人走在荒野上
默默地向远方
不知道走到哪里
有我的梦想
一路摇一路唱一路茫茫山岗
许多人走过这地方
止不住回头望
梦想刻在远方
一路走一路望故乡
……

俞敏洪对韩磊的《走四方》甚是喜欢。这首20世纪90年代非常流行的歌曲，以朗朗上口的旋律、简单易懂的歌词，把俞敏洪的游子之感尽数唱出，过去自己那种在路上的感觉、怀抱梦想的激情，无一不体现在歌词旋律里。更重要的，它讲出了一个道理，与俞敏洪的所悟不谋而合：要追逐梦想，必须得先上路，有走四方的豪迈和果敢。

心在路上，梦就在脚下

俞敏洪常说，自己注定要过一种在路上的生活，因为他有着一个不安分的灵魂，总想着四处游荡。是内心深处的呼唤，把他带向不可知的远方，即使是待在房间里，那种呼唤也会让他有走到窗头向外眺望的冲动。

18岁之前，俞敏洪就住在一个小村庄里，本应该一辈子过着平平淡淡的农村生活，娶妻生子，日出而作，日落而息。他生在长江边，家门东边又有一座百米高的小山，每天的日子就是想象江岸对面是什么，山的后面又是什么。这种好奇成了他梦想的萌芽。

俞敏洪有几个亲戚住在上海，8岁时，母亲决定带上他出去走走，半天一夜，母子终于到了上海。这一路上，俞敏洪目睹了长江的壮阔、吴淞口的苍茫、上海的霓虹灯和街道的繁华，自此，他的心开始渴望远行，渴望着走出农村，走到更远的地方。

第一次坐火车还是去北京大学报到的时候，也是俞敏洪第一次看到火车，是内心向往远方的渴望让他坚持参加三次高考。当时的农村没有上城市打工这一说，要是放在今天，或许俞敏洪会背上行囊四处游荡去做打工仔。有段时间，俞敏洪疯狂地迷上火车，在车厢里听车轮与铁轨的强烈摩擦，听窗口呼啸而过的风，还有不期而遇的火车的长鸣，火车从一个城市来到另外一个城市，窗外的风景一直在变，俞敏洪的心也留在那些不同的风景里。

大学三年级的时候，俞敏洪因为肺结核被迫休学一年，在北京西郊山区的结核病疗养院里待了一年。疗养院的围墙很高，但是依然挡不住周围的山。这一年，俞敏洪看遍了山中的颜色：春之粉，夏之青，秋之红，冬之灰。在医院的门口，有一座小山，山顶刻着冯玉祥题写的“精神不死”四个大字。俞敏洪几乎每天都爬到那里盯着四个大字发呆。后来，身体慢慢转好，医院允许他走出大门，他便爬遍那些透过病房窗户看到的山峰。也是在这一年，俞敏洪读完了《徐霞客游记》和《红楼梦》。

俞敏洪在不同阶段有不同的梦想，他一路走一路思考：农村劳作时，他的梦想是走出农村；北大求学时，他的梦想是顺利毕业；北大教书时，他的梦想是赚钱出国；创办培训班时，他的梦想是做大做强；新东方走到今天，他的梦想是引领中国的教育；卸去总裁职务时，他的梦想是建一所私立大学。或许，这一路上，俞敏洪曾经搁浅过梦想，也想过放弃，但是最后依然拾起梦想，重新出发。

俞敏洪说：“我们一辈子走在两条路上——心灵之路和现实之路。这两条路互相补充，互相丰富，心灵之路指引现实之路。当我们的心灵不再渴望越过高山大川时，心灵就失去了活力和营养；当我们的现实之路没有心灵指引时，即使走遍世界也只能是行尸走肉。”

梦想不应搁浅

梦想，几乎每个人都有，或许你的身边就有些人整天高谈自己的梦想如何如何伟大、如何如何美好，但是能实现梦想的人，在这个现实社会中，依然是少之又少。为什么？因为实现梦想不是一个简单的过程，它需要一个人意志坚定、全力以赴。有些年轻时大谈梦想的人，把梦想当作自己的口头禅，日复一日地安慰自己枯燥乏味的生活，直到慢慢变老，梦想依然是梦想，或许他们根本就没认真地想过尝试把梦想变成现实。

没有梦想就没有精彩的生活，梦想意味着面向未来，意味着无穷可能，意味着青春无限。可是，梦想光是停留在想一想、说一说吗？理论上，只要你拥有梦想，世间就没有任何人、任何物可以阻挡你。但是，人们实现梦想的道路上依然存在着各种各样的阻碍，一个个看似煞有道理、实则可笑至极的阻碍梦想实现的理由。

比如，你的梦想是四处旅游，但你老是拿经济条件不足为借口而放弃；你的梦想是学好英语，但你总说自己时间不够而暂停；你的梦想是追求某个人，但你常常拿自身条件不成熟做挡箭牌，诸如此类。人们无法实现梦想时，总能找到各种理由为自己开脱，然后舒口气，继续过平庸的生活。至于梦想？躺在某个角落呼呼大睡呢！

俞敏洪十几年前碰到一个特别令人感动的大学生。这个大学生家里非常贫困，但是他梦想着出国求学，很想来新东方上GRE和托福班。他没钱上课，就跟俞敏洪说能不能暑假在新东方做教室管理员，最好是托福和GRE的班，这样他就可以在查完学生的听课证，打扫完卫生后，坐在教室后面听听课。俞敏洪说可以。这个大学生又提了一个要求：如果他两个月的兼职做得还算令人满意，能不能每月给他500元的工资？他想用这个钱买录音机，因为要学英语必须有录音机。俞敏洪说没问题。两个月后，新东方内所有接触过这个大学生的员工都觉得他不错，刻苦认真。俞敏洪兑现承诺，给了他1000元的工资。当这个大学生拿钱买到录音机，听着英语节目时，感动得眼泪夺眶而出。俞敏洪相信，他将来一定大有出息。果不其然，没几年他就被耶鲁大学全额奖学金录取，现在仍然在美国工作。

人生需要为了梦想做一些让自己感动的事，不要等老年的时候回想自己的一生，全是一堆糊涂账和一声声悔叹。与其虚度此生将来悔恨，还不如趁现在年轻行动起来，创造一些令自己感动和留恋的日子，为心中沉寂已久的梦想拼上一把，即使结果不尽如人意，我们依然可以谈笑风生。因为当这些日子成为往事时，它们会像陈年佳酿一样弥散出醉人的醇香，让生命充满回味。

著名画家柯罗为一位年轻画家指出他作品中需要改进的地方。年轻画家感谢说："谢谢您，我明天就把它们全部修改。"柯罗反问道："为什么要是明天，万一你今晚就死掉了呢？"对啊，我们为什么要把实现梦想放到明天呢？你也许可以滞留在原地，但是时间不会。拥有梦想的日子是幸福的，但是穿过岁月的迷雾，用勇气去实现它的日子更是妙不可言。

嗨，梦想搁浅在港湾的时间会不会太久了？

俞式沙龙

鲁豫：有梦想并不难，难的是去实现梦想。

俞敏洪：果断地行动对实现梦想是非常重要的。如果你的梦想是成为徐霞客、马可·波罗那样的旅行家、冒险家，那就别说什么等到有钱了再去环游世界。从现在开始，拿根棍子拿只碗，一路要饭也要环游世界。当你从上海出发，绕行一周再回到上海时，你的阅历、你的思想绝不是乞丐那么简单，说不定你写本游记就成为百万富翁了。

鲁豫：您刚才举了乞丐周游世界的例子，能概括性地说下实现梦想需要的条件吗？

俞敏洪：勇气和行动。勇气，包括放弃的勇气和投入的勇气。只有你具备了为梦想而投入奋斗的勇气，具备了为梦想而放弃某些“重要”的东西的勇气，风雨兼程，才有可能接近梦想。行动，表示只靠心想是不能事成的，你还需要为之全力以赴，好比一个人想学游泳，即便你理论知识再强，不下水扑腾几下，你是永远学不会的。

一年一次，“梦想之旅”

新东方的“梦想之旅”已经进行了3年，参加“梦想之旅”的学生达到了几十万，走过的城市已经一百多座。“梦想之旅”已经成为很多中国大学生耳熟能详的一个词汇。

如果梦想的定义是对于未来更加美好生活的一种渴望和追求，那么梦想对于一个人、一个组织、一个民族的重要性不言而喻。一个人没有梦想就没有了生命力，一个组织没有了梦想就没有了凝聚力，一个民族没有了梦想就没有了战斗力。马丁·路德·金以题目为*I Have a Dream*（《我有一个梦想》）的伟大演讲震撼了美国和全世界，终于为美国黑人喊出了自由和平等。海伦·凯勒的著作*Three Days to See*（《假如给我三天光明》）表达了一个盲人希望用自己的双眼看一看这个美好世界的梦想，使得多少人从此无比珍惜身边的一草一木、一丝白云和一缕阳光。

——俞敏洪《无穷的梦想无穷的路》

“梦想之旅”

新东方人是一批有着梦想的人，新东方更像是一个承载梦想的介质。“梦想之旅”缘于一次酒后酣畅，几个人发出豪言，誓要走遍中国的大学，把他们对人生、对学习、对梦想的浅薄思想传递到大江南北。

“梦想之旅”演讲团，是一个充满梦想、充满理想主义色彩的团体，主要成员有王强、徐小平、包凡一等。回想20年前，他们几个人还在为温饱问题发愁时，却一个个高谈自己的梦想，幻想着成为藏书家、音乐家、哲学家的那天。之后，大家各奔东西，十年未见。俞敏洪远渡重洋拜访的远不止这三位老朋友。可惜的是，其他人的梦想都已被艰难的现实生活消磨殆尽，不是变得世俗圆滑，就是变得麻木浑噩。唯独上面三位，还谈着自己那“古老”的梦想，依然具有令人心跳的超凡精神。

其实，这三人在北美的生活并不顺畅，每天还要为生计而奔忙。王强把有限的工资除了贴补家用，其余都用来买书，因为他的梦想是成为藏书家。如今的王强已经在藏书界小有名气。徐小平连工作都没有，却还是抱着吉他创作那些自以为能传世的音乐，后来到新东方，虽然音乐家没能做成，做起了咨询师，但是血液里音乐的部分从未消去，每次讲演完毕，一定要用沙哑的嗓音为学生唱上一曲。包凡一在现实中依然是手无缚鸡之力，而他的哲学功底已经变得日益深厚，看上去依旧是那个不食人间烟火的高人。正是有这些梦想家，新东方的理想主义色彩才日益浓厚，“梦想之旅”也才能顺利开展。

试想，一群毫无梦想的人谈何去给其他人高论梦想呢？当俞敏洪在大街小巷张贴广告时，当他在破旧的小房子里激情演讲时，他就梦想着将来新东方必定有一栋风光漂亮的大楼，而今的新东方在全国已经有几十栋漂亮的教学楼。俞敏洪说：“即使你处于再卑微的状态，只要你有了梦想就能够过上有尊严的生活。”

2005年3月，春寒料峭中，新东方的梦想家们出发了。从北京到保定、邯郸、洛阳、南阳、唐山、沧州……一路四十多个城市，从穿着棉絮大衣到穿着清凉T恤，多少掌声与泪水，多少心动与劳累，却不曾停歇。俞敏洪想，我们到底能给学生带来什么，无非是一点点的思想和幽默，收获的却是一份份感动。不禁感慨，唯有更加有梦想、更加有信念、更加坚强，唯有一年一年地走下去，只为世界上最美丽的两个字：梦想！

私立大学，吾之夙愿

随着新东方越来越大，俞敏洪的教育梦也越来越浓，创办私立大学的想法也越来越清晰。“我现在的梦想就是在北京地区办个小型的人文大学，占地500~600亩，靠山面水，学生们可以安静地在湖边读书，年老后我也能去那里讲讲课。”

其实，俞敏洪一开始的梦想就有两个：第一个是做可盈利教育，把教育培训事业做大；第二个是建一所非营利的私立大学。第一个梦想已然实现，在新东方成立快20年时，俞敏洪开始为他的第二个梦想奔忙。

俞敏洪很早就想创办新东方大学，不过，于北京郊区看中的一块地却迟迟办不下土地许可证，只好退而求其次，寻找现成的大学。10年中，他往返于几十所独立院校和二级学院，演讲之余和校领导接洽。可惜，这些民办高校的掌舵者看到的只是俞敏洪的商人身份，急于把他们的学校卖个好价，而与俞敏洪心中非营利的理想相悖。

2013年10月9日，俞敏洪在微博上写道：“从今年起，接手了民办大学耿丹学院，希望用我后半身的精力和资源，打造出一所出色的中国私立大学来。”实际上，俞敏洪早在2008年就已经成为耿丹学院理事会的成员，2013年8月6日，耿丹学院的理事换届会议上，俞敏洪被推选为新一届的理事长，正式接掌耿丹学院。

耿丹学院的全称是北京工业大学耿丹学院，位于北京顺义区，校园面积为五百多亩。与其他知名大学不同，这里没有崭新的教学楼，多的是又老又旧的建筑，并且房高层少，与北京的798艺术区非常相似。主教学楼是一座只有两层的楼房，长度却接近百米。耿丹学院院长甘德安评价：“耿丹学院很像美国常青藤大学的风格，有红砖、绿树，就是没高楼。”

对于俞敏洪接掌耿丹学院，外界质疑声此起彼伏，毕竟耿丹学院在他接手前籍籍无名，说其是纨绔子弟的学校也毫不为过，加上全国民办院校衰退、收缩的大背景，俞敏洪的行为广受诟病。但是，他有自己的想法，首先，耿丹学院创始人的理念与自己相符，同样是办中国最好的非营利的私立大学；其次，创办私立大学是他的一大夙愿。俞敏洪对于自己充满信心，说："我的优势就是教育界和企业界的资源。比如说北京大学的教授，很多我都能协调过去。调动全国的企业家进行捐款或者请企业家进校园办讲座，也非难事。"

俞敏洪希望成立耿丹学院教育基金会，然后通过资本运作的方式来保证学校的持续发展。他的目标是能在10年内把耿丹学院升为二本，20年升为一本，那时他就71岁了。

小米——为梦想而生

李宇春有首歌唱得好："再不疯狂我们就老了，没有回忆怎么祭奠呢？还有什么永垂不朽呢？错过的你都不会再有。"这放在雷军身上再合适不过。

雷军，金山软件曾经的总经理，那时他还不到30岁。之后，又创办了卓越网，2007年开始做天使投资……然而，与同时期的其他互联网弄潮儿马化腾、张朝阳、马云相比，他尚显黯淡。已然四十，虽说履历不错，但是与当初"创办一家受世人尊敬的企业"的梦想相差甚远，雷军自忖是时候"疯狂"一把了。

2010年4月，雷军创办了小米科技，一家专注于高端智能手机自主研发的移动互联网科技公司。2011年8月，公布其自有品牌——小米手机，并且是限量发售。

时至今天，小米科技的产品已有一代小米手机、小米1S、小米2、红米、小米盒子、小米移动电源等数码产品及配件产品。2013年8月最新一轮融资后，小米科技的估值已经超过了100亿美元，成为继阿里、腾讯、百度之后的中国第四大互联网公司。其硬件业务，也仅次于联想。

2012年12月，43岁的雷军获央视"中国经济年度人物新锐奖"。2014年2月，雷军首次进入胡润全球富豪榜。

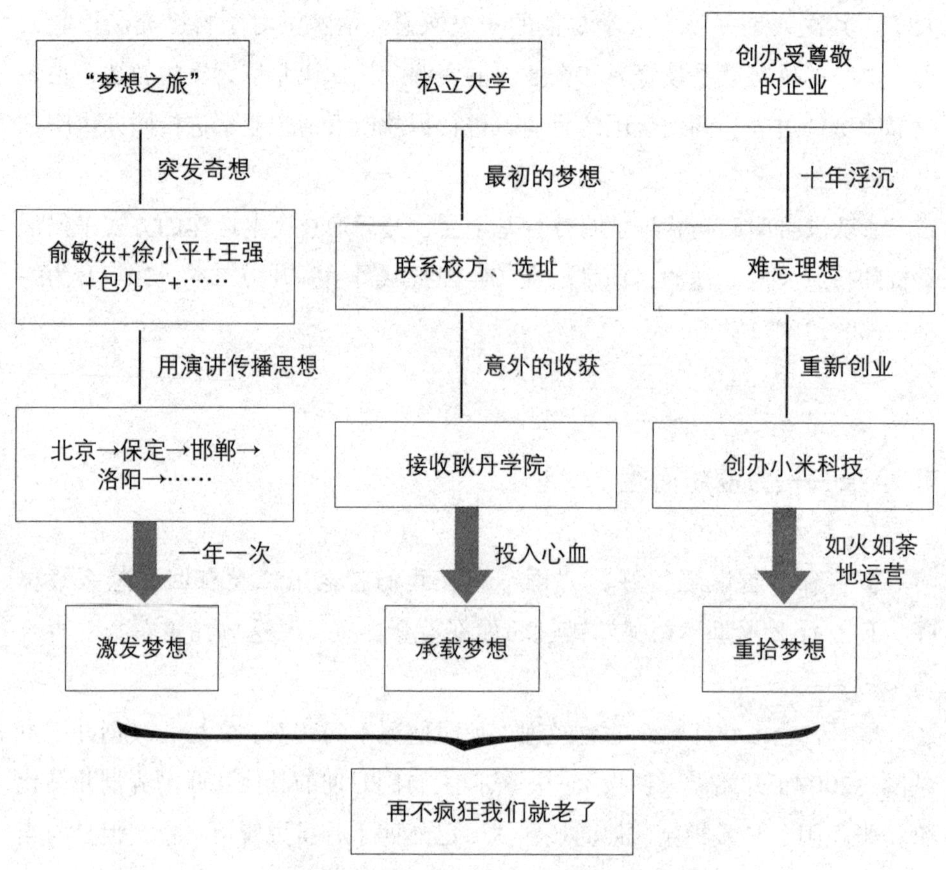

⊙ 只有梦想，才能使我们的心从冬眠中醒来。

孔子云："三十而立，四十而不惑。"当大家对40岁的雷军不再期待时，谁承想，他在互联网领域大闹一番，打乱整个行业格局。以雷军已经拥有的财富和社会地位而言，他完全可以"安享晚年"，然而，年少时的梦想一次次地叩击心门，刺激他甘冒巨大风险重新创业。对此，他这样说过："创业如跳崖。我40岁，还可以为我18岁的梦想再赌一回。18岁的理想一直没有实现，我觉得心里不踏实。"

人们常常以"年纪大了"为托词，不再追逐梦想，说什么"岁月不饶人""心有余而力不足"，其实都是懦弱的表现。俞敏洪30岁能创办新东方，雷军40岁能创办小米科技，年轻人还有什么理由放弃梦想呢？

朋友，再不疯狂我们就老了！

俞式沙龙

《京华时报》：新东方的“梦想之旅”每一年都会进行？

俞敏洪：是的，从2005年开始，从未间断过。

《京华时报》：您觉得“梦想之旅”的意义何在？

俞敏洪：我们走过了上百个城市，近百万学生聆听了新东方的激情演讲。很多时候，我、徐小平和王强连着讲，嗓子哑了，还会用沙哑的声音吼，就是希望我们的思想、我们的态度能够影响更多的人。这几年，新东方人已经养成了走在路上的激情和渴望。春风一来，我们的心就从冬眠中醒来。因为我们看到一个个学生跟着我们上路了，去追逐他们的梦想，去满足他们的渴望。这就是“梦想之旅”的意义。

俞敏洪的三条路

我现在经常放慢脚步，开始认真地总结自己多年来走过的道路。现在我基本在三条路上前进着：

第一条路，我还是要把新东方全力以赴地继续做好，这是一条阳光大道，但是这条路肯定是不能满足我的心灵和灵魂的需求了，肯定不行。

第二条路，就是我要创办一所私立大学——以经济、法律、商学、哲学、宗教等专业为主的小型大学，同时结合文化书院的模式。

第三条路，如果前两条路走不通或者不顺利，我不是选择隐居，就是入庙，这是我真实的想法。入庙我现在还没有这个本领。我刚刚开始读《心经》和《金刚经》，领悟得还不是很深，但是隐居是有可能的。它较简单，是我能做到的。

——《俞敏洪口述：在痛苦的世界中尽力而为》

俞敏洪第一次滑雪，是在加拿大的滑雪胜地西摩山。他看着大家轻松自在地滑雪，以为是件再轻松不过的事。等他自己踩在滑雪板上开始向下滑行时，才明白想跟做完全是两码事。随着滑行速度越来越快，俞敏洪根本停不下来，想拐弯又不会，最后摔得人仰马翻。后来，经过仔细观察、虚心请教、不断地摔倒爬起，俞敏洪才终于可以比较自如地滑雪。

学习滑雪的过程让俞敏洪明白一个道理：做任何事情都要先掌握如何停下来，以及停下来的时机，如果不能做到这两点，那么做事的危险性和失败的可能性就非常高。滑雪时。只有懂得如何停止、何时停止，你才能大胆地向前滑；你停下来的本事越大，你的勇气就会越大，向前滑行的速度自然也就越快。但凡成就大事的人，一定知道什么时候该停止，什么时候该转弯，什么时候该后退。

人生需要暂停，停下来思考明天的路，辨识今天的是非虚实；人生需要减负，减去肩头不必要的包袱，抹去可有可无的齐身头衔；人生需要自省，审视真实的内在自我，寻觅睽违已久的梦想。

减负，使精神变得富足

俞敏洪最大的快乐就是游历山水，因为走遍全世界是他的一个梦想，对于大自然，他充满了无限的热爱。他喜欢的户外活动多是骑马、滑雪之类，相对来说，比较安静的；高尔夫球，这种耗费时间又要邀约多人的交际活动，他是不喜欢的。

俞敏洪喜欢不受打扰地看书，比如躺在家中看，每天都要有半小时到一小时的看书时间，能够在繁忙的工作之余找寻一种生活乐趣，少一点急功近利。他最不喜欢的就是整天待在办公室里无休无止地谈论工作。

有时候，他会想，假如将来什么都不做了，能够开着吉普车一路朝拜、到达青藏高原，那该是多么开心的事。俞敏洪去过两次青藏高原，每次都被一步三叩首走向布达拉宫的朝圣者所感动。在那里，他的心灵受到震撼。尽管头两天都因为高原反应而感到头痛无力，但是从第三天开始，心灵变得格外宁静。那里的山、那里的水、那里的人，那份纯洁就像洁白的哈达。

天地间没有世俗的主宰，只有我们做自己生命的掌控者，才能享受到精神上的富有和满足。俞敏洪说：“一个人如果背负太多的东西，只会让自己疲惫不堪，只有适当地放下，才能得到真正的快乐。”太多太多的人把有限的精力和生命注入无休无止的物质追逐，为名、为利，以为那是自己的终极梦想，殊不知只是自欺欺人罢了，真实的自我早已迷失。

想想蝜蝂，那个喜欢背着东西爬高的可怜小虫，我们是不是也一样喜欢往自己的背上放置大小包袱？贪多的结果只能是嚼不烂。让自己的人生简单一些，让人生的梦想明朗一些，把那些乌七八糟的枝叶掐去，留下真正值得你拥有的——枝干！

如何办好私立大学

办好私立大学，就是俞敏洪现阶段的枝干，值得努力半生的梦想。

俞敏洪心中的学校跟南怀瑾的太湖大学堂有几分相似，摈弃华而不实的外表，更贴近社会、贴近百姓、贴近莘莘学子，生源主要来自农村。他也希望这所私立大学能把重心放在培养农村孩子上。学校的运转主要靠基金会来投资，因为完全依靠学费的学校无法吸引一流的大师，保证学校的教学质量。

清华大学曾经的校长梅贻琦先生说过："大学者，非大楼之谓也，乃大师之谓也。"办一所真正意义上的私立大学就成了俞敏洪心中的一大夙愿，这基于两点考量：

其一，未来中国的教育体系中民办教育体系需要蓬勃发展。如果民办教育在一些领域不能跟公办教育相抗衡的话，中国的教育永远只能是一条腿走路。民办教育体系中，高等教育的改革更是迫在眉睫，未来的中国必须要有一些能与清华、北大、复旦这些优秀的公立大学平起平坐的私立大学。唯有这样，才能增强中国教育体系的竞争实力，才能推动中国的教育与国际接轨，同时也能为学生提供更多的选择。

其二，中国目前的私立教育基本上都是靠学费来维持运行。它意味着，不管学校如何节省，学生都不太可能受到良好的教育。

在俞敏洪心中，私立大学的模式是：学校有足够的钱，这点通过基金会来实现，学生不必担心交不交得起学费，而只需要考虑自己是否足够优秀；有了足够的钱，学校就能资助更多优秀的贫困生，也能聘请世界范围的著名教授。这就是他最想做的，提供场所，提供金钱，让伟大的人来这里为那些想要成为伟大的人讲课。

停下来，反省一番

反省，即对自己的思想、行为做深刻思考，把自己做人做事不清楚的地方想明白，继而纠正错误。人生路上岔口很多，走错也是难免的，只要懂得适时反省，就能重新出发。在追寻梦想的道路上，反省同样重要，因为诱惑太多、阻碍太多，你很难确定现在的梦想就是终生的梦想或是切合实际的梦想。

一个具备反省能力的人，其心智会随着反省不断提高，灵魂得到不断升华；一个知道反省的人，内心终会明白什么行为是人类社会认可的高尚行为，什么价值是人类所认可的终极价值，什么标准是做事做人的普遍原则。在反省的过程中，我们会对自己的行为、价值观不断反思，然后不断提高自己的境界。

反省是自我否定的过程。那些自以为是、妄自尊大的人是不可能自我否定的，也不可能具备反省能力，所以，他们遇到挫折时就会推卸责任，有时为了“保护”自己甚至会伤害他人。反之，能够自我否定，具备反省能力的人不单对自己要求严格，还能虚心听取他人的批评意见，从中汲取营养，使自己变得更加完善。

人，走得太匆忙，走得太粗略，有时看似离梦想、离目标越来越近，实则是愈来愈远。反省是智慧的源泉，是逐梦路上不可或缺的帮手。

当夕阳随着天边最后一抹晚霞落下西山，当夜空在繁星簇拥下变得深邃神秘，当灯火阑珊夜深人静听到怦怦心跳时，你是否问过自己：对于走过的路，我无悔吗？我今天快乐吗？我的明天会是怎样？

俞式沙龙

周晓宝：您特别强调人要不断地努力、不断地奋斗，似乎是给自己“打鸡血”，要求一种持续的亢奋。但是，我觉得人生也需要暂停，一直往前跑不见得好。

俞敏洪：对你的这个观点，我也是比较赞同的。停下来思考与不懈地奋斗是不矛盾的，也就是张弛有度。我这几年当了一些机构的委员，无非是想到自己也许能为这些机构做些事情，从而实现自己的教育目的。有些人就跟我不太一样，索求太多，什么都不想放下，头衔很多，其实，累得不得了。

一天，两种活法

当我们面对一件事情或者一种生活状态时，我们可以做出不同的选择。不同的选择使我们的生命走向不同的方向，从此产生不同的命运和结局。

……

生命中充满了选择，你的选择不仅和你的心情有关，也和你的命运有关。你只要选择积极的、努力的、向上的生活和工作方式，你的命运就一定会越来越好；如果你选择消极的、被动的、懒散的生活和工作方式，你的命运就注定了会越来越糟。你选择什么样的生活和工作方式，决定权在于你。你现在的选择决定了你的未来。

——俞敏洪《不同的选择，不同的生活》

面对同一天的两种态度

痛苦与快乐，就好比人的手心与手背，它们的关系就是翻手、覆手的关系，粗糙与光滑都是一种自然的美。

2007年的圣诞节，俞敏洪一家打算到夏威夷度假。身为丈夫和父亲，俞敏洪提前从中国出发，好为家人打点一切。到达夏威夷的时间是上午8点，正准备入住酒店时，被告知要等到下午2点才能入住。十几个小时的飞行，想要第一时间躺在床上眯一会儿，这么一个小小的愿望都无法实现，俞敏洪只得无奈地拎着行李在大街小巷里乱逛。

俞敏洪走进一家早餐店，匆匆忙忙吃了点早餐，却闹起了肚子；尴尬地找了几圈才找到卫生间。下午2点，他拿了钥匙打开房间的门，却发现不是自己预订的海景房，即使像长颈鹿一样伸直脖子也只能看到海的一角。他气势汹汹地找到酒店经理，经理边道歉边解释说酒店所有的房间都已住满。无奈之下，俞敏洪说加点钱也没关系。半小时过后，不知是去协调了，还是去休息了的经理回来了，他说只要每天增加20美元就可以住更好的海景房。明知被讹，俞敏洪也只能咬牙交钱。

到了新房间，海是能看到了，心情也算舒畅了，但是打开笔记本想要上网工作却发现没有免费Wi-Fi，竟然还需要每天支付15美元才能使用。俞敏洪突然觉得像是走进了一家黑店，可惜手上的工作不能耽误，只得乖乖"挨宰"。

下午5点，俞敏洪去租车行取了一辆车，希望晚上能亲自去迎接家人，也正好有时间可以熟悉路线。不想，转着转着竟迷了路。还因为不小心挡了后车的路，被对方司机又是摁喇叭又是骂娘，惹得他在心底掐死对方无数次、脸上却只能挂着歉意的笑容。

家人的航班预计是晚上11点到，网上也没有延后的通知，于是，俞敏洪10点半的时候就开车前往机场，结果一进机场看到那班飞机延后了3小时，要到凌晨1点才能到。俞敏洪悻悻地回到酒店，不堪地忍着困意，深怕一睡误了时间。艰难地熬到1点钟，又得开车到机场接家人。这次没有误点，家人准时出现在眼前，怎料一家四口又在行李带那儿"守候"了半小时——行李被卡。

回酒店的路上，俞敏洪只顾着跟妻子说话，忘记了车速，直到发现一辆警车跟在车后已经晚了。幸好运气不错，只是挨了几句训话，并没有被开具罚单。

一家人总算到了酒店房间，孩子们一股的兴奋劲无处发泄，一直折腾到了4点，大家才昏昏睡去。早晨8点的时候，俞敏洪就被"砰砰"的敲门声吵醒，原来睡觉前忘记在房门上挂"请勿打扰"的牌子，清洁人员一早就来打扫房间了。

看到这里，你一定会觉得，俞敏洪这度假的一天整个乱七八糟，只有一身的疲惫和一肚子的怨气。但是，结论不要下得太早，因为这一天还有另外的一个版本。

圣诞节前一天的早上，俞敏洪坐在飞往夏威夷的飞机上，透过玻璃窗，可以看到鲜红的朝霞，远远近近的云朵瞬间化为玫瑰花丛。临近降落时，俞敏洪得以鸟瞰整个夏威夷群岛，边角上的珍珠港无愧于“珍珠”之名。走出机舱门，迎面的是一缕和煦的阳光和舒适的海风。入关的时候人并不太多，海关官员脾气也非常好，一边让俞敏洪摁手印一边和他友好地聊天，一句“Merry Christmas（圣诞快乐）”让他觉得摁手印也不是什么令人难堪的事。

出关之后，俞敏洪很容易就打了一辆出租车，在去酒店的路上，司机师傅一直向他介绍这里的情况，还没到酒店，他就已经知道夏威夷有哪些好玩的地方。路的两边是旖旎风光，白云、山峦、海鸟、波浪共同构成一幅唯美的海景图。到了酒店，因为圣诞节期间住客众多的缘故，他还不能立刻入住。于是就来到临海的一家咖啡店，一边吃着精致味美的早点，一边欣赏着海边的点点帆船，一边喝着醇香的摩卡咖啡，一边品读着随身杂志，尽管眼前人来车往，心中却有说不出的宁静。结账的时候，俞敏洪问女服务员能不能多坐一会儿，漂亮的她投来迷人的一笑，不仅允许他坐，还送来一杯免费的摩卡。他霎时间身心惬意，体会到什么叫“面朝大海，春暖花开”。又坐了一会儿，他忽然觉得肚子不舒服，去了卫生间回来，窃喜自己机智地带了常备药，吃下两片感觉好多了，很快又可以静享安宁时光。

不知不觉，几个小时过去了，一看手表发现已经下午2点，俞敏洪依依不舍地站起来去取房间钥匙。进房间后发现不是自己预订的海景房，就去找经理询问，奈何对方一脸难色。俞敏洪和气地说：“你看，我好不容易出来度假，花了那么多钱就是想让家人玩得舒服，今天又是圣诞节，如果家人来到这里发现房间不好，心情也会很糟。”经理听后大为感动，努力了半小时，终于换来一间令人心旷神怡的海景房，站在面海的阳台上，俞敏洪为自己成功争取到海景房而欣喜。

下午，俞敏洪租车四处转悠，结果迷了路，还因为挡住别人去路而挨了一顿臭骂，虽然心中有点不快，但是学会几句骂人的英语。下次再碰到美国人挡路的时候也可以骂回去，不亦乐乎！

回到酒店，发现离接机的时间还早，俞敏洪就打算去海里游一会儿泳。偌大的浅海，自己竟然能与群鱼共游，旅游业如此发达的地方，自然环境保护得这么好，鱼不怕人，人不怕鱼，不亦乐乎！

酣畅一番后，俞敏洪回到房间，吃过丰盛的晚餐，准备去机场接老婆孩子。飞机预计11点到，可惜晚点3小时。于是，他又重新回到酒店房间，处理了当天的不少工作，为接下来的度假又腾出大量的时间。

凌晨1点，俞敏洪终于见到了老婆孩子，一手牵着儿子，一手牵着女儿，心中的快乐难以言表。回宾馆的路上，扬扬得意的他因为超速被警察拦截，但是当警察看到一车幸福快乐的大家庭，脸上也露出了羡慕的微笑，还把罚单免去，并祝愿他们有一个完美的圣诞假期。

来到房间，孩子们兴奋得睡不着觉，俞敏洪也随着他们一起疯狂，能和家人其乐融融，这份喜悦怕是什么都比不了的。

两种版本，哪个是真，哪个是假？其实，这就是俞敏洪在夏威夷的一天，即使是仅仅一天，痛苦也与快乐同行，更何况是我们整个一生的时间呢？

当你执着于生命的痛苦时，你的生命就变得痛苦不堪；当你专注于生命的快乐时，你的生命就会充满喜悦。俞敏洪想要告诉我们的是，生命不在于经历多少痛苦与快乐，而在于我们对生命的态度，在于选择。

幸福，其实很简单

“生命是一个过程。”这是俞敏洪非常喜欢的一句话，人，活的是每一天，假如你每天都不高兴，都活得很痛苦，那么一辈子都会很痛苦；假如你每天都高兴了，那么一辈子都会幸福快乐。其实，幸福很简单。

一次，俞敏洪走在黄河边上，目睹滚滚河水的壮阔，随手用矿泉水瓶子装了一整瓶黄河水，浑浊不堪的一瓶让他思绪重重。然后，他把瓶子放在身侧，继续观测眼前的无际无涯。大约1小时后，他打算起身离开，无意间的一瞥，却发现原先浑浊不堪的一瓶黄河水竟变得层次分明，四分之三的部分变得格外澄澈，透过瓶身看到的不再是浑浊昏黄的世界，最底部的是四分之一的泥沙，也就是浑浊不堪的罪魁祸首。

俞敏洪明白了，这瓶黄河水恰恰代表着人的一生，澄澈的部分代表幸福和快乐，浑浊的泥沙就代表痛苦与困顿。当你稍微摇晃瓶子的时候，水就会稍显浑浊；当你再继续猛烈摇晃时，它就变成了一瓶黄河水——浑浊的水，也就意味着你的心充满痛苦与烦恼。心静下来以后，虽然泥沙的总量还是四分之一，但是因为心比较沉静，泥沙沉淀了下去，所以，你不会被搅和起来。

“因为痛苦的渗透，我们本来应该清澈如水的生活，变得像黄河水一样，有了太多的杂质。”人的一生，幸福快乐总是最多的，像那四分之三的清水，痛苦的泥沙只占据四分之一的部分，正是因为我们不停地摇晃，才使得二者搅和在一起。当然，我们不能把这些泥沙剔除，不然我们的生命就像白开水，清澈得有点单调，缺乏色彩。

当我们把生命放大到像黄河一样壮阔，从远古和天边涌来，向着未来和海洋奔去，那么，我们也就不会计较幸福与痛苦的搅和，因为生命本身已经融汇为一曲永不落幕的黄河交响曲。

翻手，还是覆手？

生活中充斥着许多选择：选择向上，还是选择堕落；选择美好，还是选择肮脏；选择光明，还是选择黑暗；选择喧嚣，还是选择安详；选择幸福，还是选择痛苦……我们面对的事情越繁杂，我们的选择也就越多，也就越困难。所以，不管我们怎么选择，生命和命运都会因选择而改变。

所有的高中毕业生都希望自己能够考上北大、清华这样的名牌大学，但是最终能考上的永远都是极少数，大多数人进入普通高校。能考上清华、北大，还是普通高校由不得你选择，进不去名牌大学不一定就是因为你高中学习不认真。人与人在智商和记忆方面是有差异的，有时尽管你百倍努力，你还是无法进入名牌大学。但是不是上名牌大学的人就一定比上普通高校的人有出息呢？一定不是！进入大学，你可以选择继续努力，也可以选择自甘堕落：有些进入普通高校的人通过4年努力考上了名牌大学的研究生；而有些人则认为上普通高校就是自己的穷途末路，随之浑浑噩噩地荒废了4年。

选择不同，人生的质量就完全不同。给你一天时间，你可以选择懒散地躺在床上睡觉，也可以外出爬山、旅游、交友；你可以选择无聊地购物轧马路，也可以选择安静地看书……不经意间的选择可能就会带来不寻常的结果：选择睡懒觉，你变成了“死宅”；选择爬山，你变成了登山爱好者，甚至探险家；选择购物，你变成了主妇主夫；选择看书，你有可能变成了学者教授……

生命中的选择犹如夜空繁星、恒河沙数。就像选择幸福还是选择痛苦一样，你的选择与你的心情息息相关。积极向上的心情能为你带来积极向上的选择，你的命运就会越来越好；消极懒散的心情会给你带去消极懒散的选择，你的命运自然会变得越来越差。

俞式沙龙

汪涵：您向往的生活是什么样子的，能不能给我们大家描述一下？

俞敏洪：诗意的生活。中国有句古话“小隐隐于野，大隐隐于市”就能很好地概括我的想法。一个人的生活必定会与琐碎勾连，不管你愿不愿意，但是我们可以选择在这样的环境中过上诗意的生活。懂得生活的人总能从平凡的日子里找到美好，找到幸福，找到让自己的心灵获得营养的诗意瞬间。

用一首歌表达就是许巍的《蓝莲花》——我非常喜欢的一首歌——“没有什么能够阻挡，你对自由的向往，天马行空的生涯，你的心了无牵挂……”

参考文献：

[1] 俞敏洪，优米网. 俞敏洪口述：在痛苦的世界中尽力而为. 北京：当代中国出版社，2012.

[2] 贾丹丹. 俞敏洪内部讲话：关键时，俞敏洪说了什么. 北京：新世界出版社，2013.

[3]《赢在中国》项目组. 俞敏洪创业人生. 北京：中国民主法制出版社，2008.

[4] 俞敏洪. 从容一生. 北京：群言出版社，2010.

[5] 俞敏洪. 生命如一泓清水. 北京：群言出版社，2011.

[6] 俞敏洪. 永不言败. 北京：群言出版社，2011.